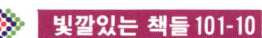

조상 제례

글/임돈희 ● 사진/김수남

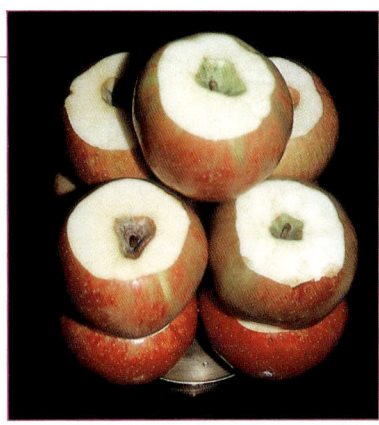

대원사

임돈희 ─────────

서울대학교 문리과대학 고고인류학
과를 졸업하고 미국 펜실바니아 대
학교 민속학과에서 박사 학위를 취
득하였다. 인디애나 대학교 초빙 부
교수를 지냈고 현재 동국대학교 사
학과 교수로 재직중이다. 저서로「조
상 숭배와 한국 사회」(공저, Stanfo-
rd Univ. Press)가 있고 주요 논문
으로 '한국 조상의 두 얼굴 ; 조상
덕과 조상 탓 ─ 유교와 무속의 조
상 의례의 비교' '한국 민속학사의
새로운 조명 ─ 최남선의 초기 민
속 연구를 중심으로' 등 다수가 있
다.

김수남 ─────────

연세대학교 지질학과를 졸업했으며
동아일보사 출판사진부 기자를 역임
했다. 현재는 프리랜서로 일하고 있
다. 사진집「풍물굿」「장승제」「호미
씻이」를 냈다.

조상 제례

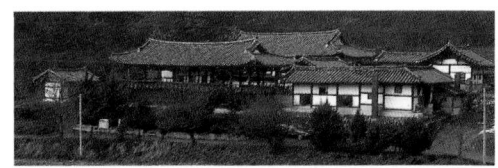

조상 제례

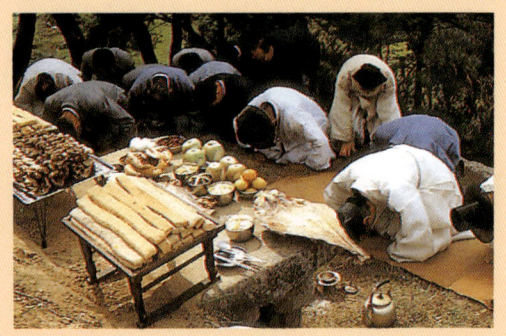

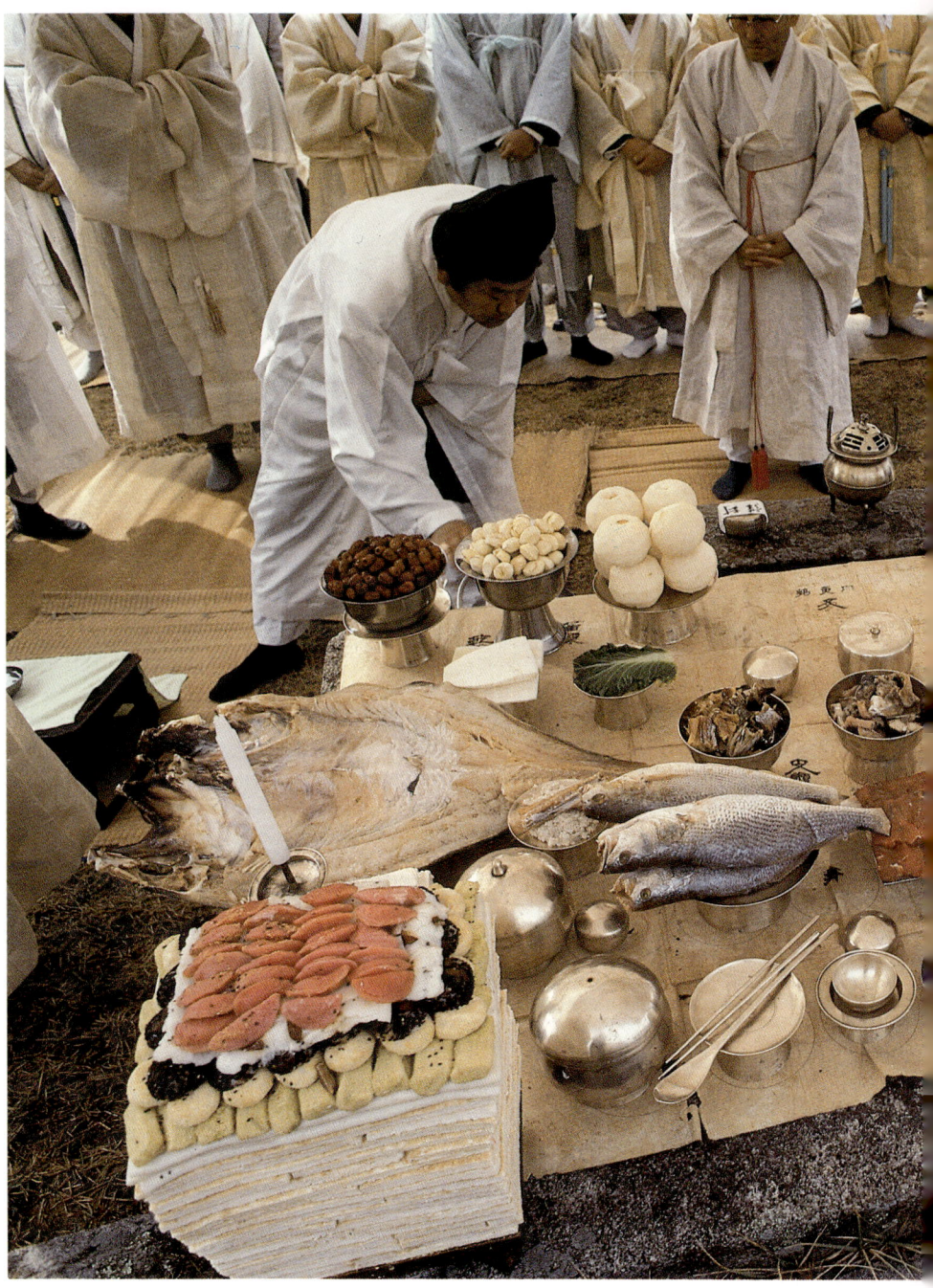

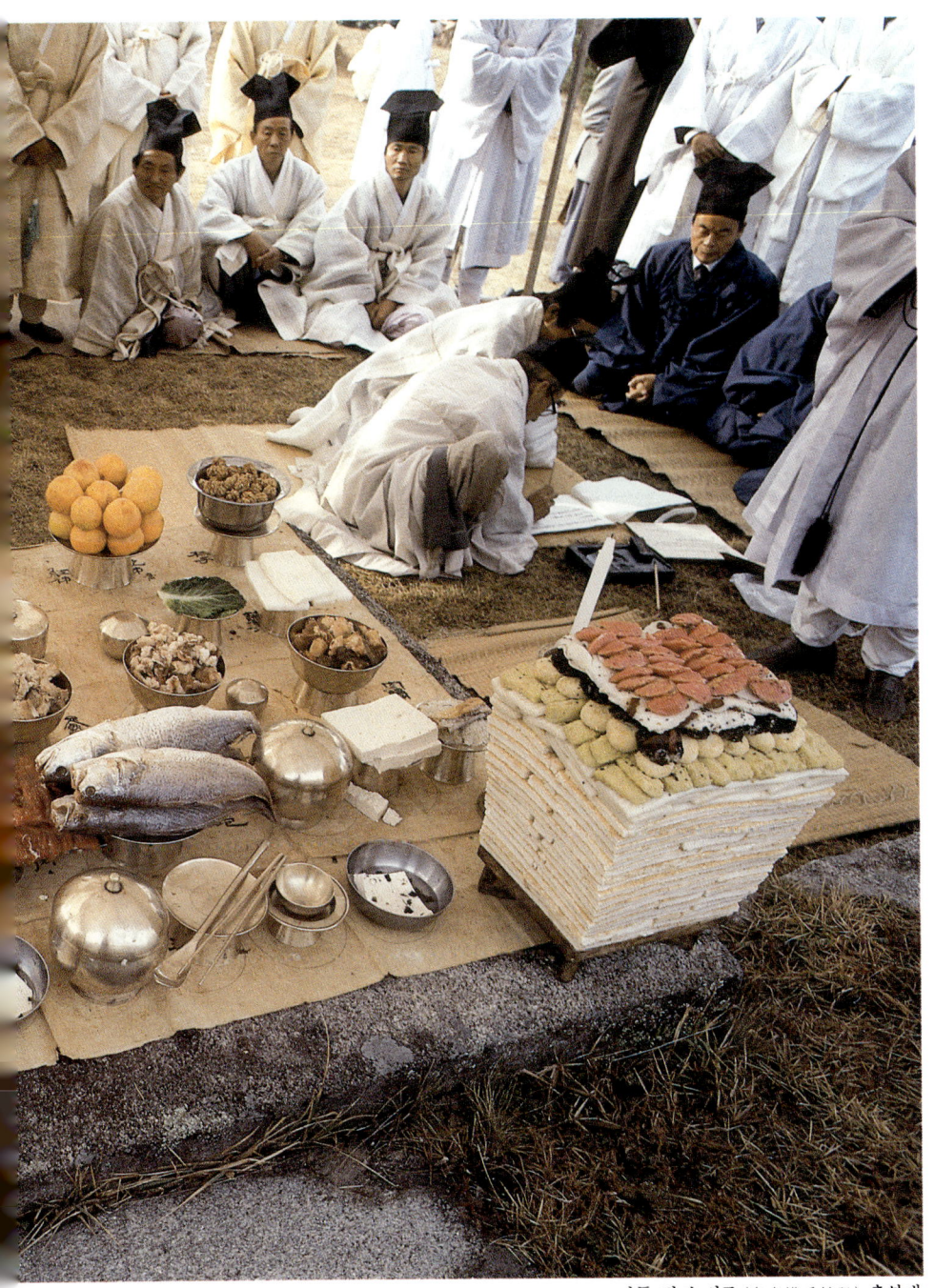

안동 권씨 시조(安東權氏始祖) 추향제

조상 제례(祖上祭禮)

　제례(祭禮)란 신(神)의 뜻을 받아 복을 비는 의례이다. 그러나 우리나라에서의 제례에 대한 일반적 개념은 조상신(祖上神)에 대한 의례를 뜻한다. 왕가(王家)의 조상을 위한 궁중 제례나 서원(書院)에서 유명한 유학자(儒學者)를 위해 지내는 제례도 있으나, 주로 혈연으로 이어진 조상에 대한 의례가 제례의 중심을 이룬다.

　조상에 대한 제례가 가장 발달한 시기는 조선 후기이다. 고려시대에는 불교가 통치 이념이었기 때문에 조상에 대한 인식이 희박했고 따라서 조상 숭배 의례도 발달하지 못했다. 그러나 조선은 치국(治國) 이념으로 성리학(性理學)을 채택하였고 성리학의 중요 내용 가운데 하나가 바로 이 '예(禮)'이다. 특히 「주자가례(朱子家禮)」는 일반인의 생활 규범 전반에 걸쳐 실천 항목으로서 절대적인 역할을 하였다.

　그러나 우리나라의 조상 숭배 의례는 「주자가례」에 의한 성리학의 영향만이라고는 말할 수 없다. 모든 인간 삶의 형태가 그러하듯 정치, 경제, 사회 또는 생태학적인 요인 등이 복합적으로 작용했으리라 생각된다.

우리나라의 조상

조상에 대한 의례 행위를 이해하기 위해서는 이 행위의 기본이 되는 생각 곧 우리나라 사람이 지닌 조상관(祖上觀)을 이해하여야 한다. 그것은 우리의 조상은 누구이며 자손들과는 어떤 관계를 맺고 있는가를 먼저 알아보는 일이다.

죽지 않고 사라져 가는 우리 조상들

조상은 죽은 사람이다. 그러나 과연 우리나라의 조상은 죽었는 가? 사람이 죽으면 그날로 잊혀지고 산 사람과는 단절되는 문화가 많다. 우리나라에서는 조상은 죽었지만 자손들과의 관계가 단절되지 않는다. 조상은 자손의 기억에서 점차로 사라져 가는 존재이지 결코 잊혀지는 존재는 아니다.

이같은 조상에 대한 우리나라 사람의 독특한 인식은 의례와 행동 양식을 통하여 구체적으로 표현된다.

우리나라에서 한 사람이 조상이 되는 시작은 환갑(회갑)부터이

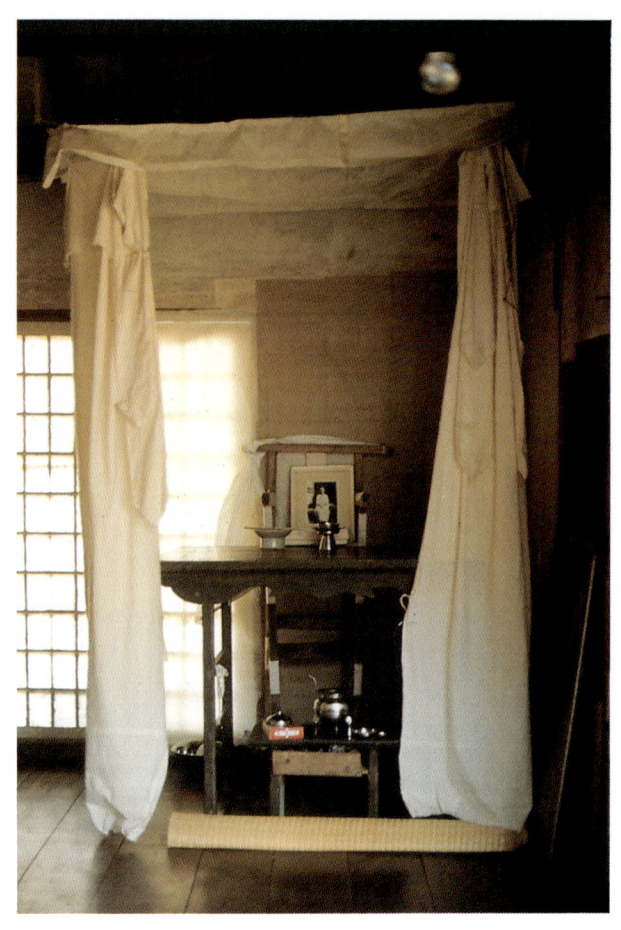

상청(喪廳) 사후 탈상 때까지 3년 동안 장남집의 마루에 혼백으로 모셔진다. 이 기
간 동안 조상은 '죽었지만 살아 있는' 노인의 대접을 받는다.

다. 큰아들 집에서 사는 부모 세대가 세월이 흐르면 살림권을 아들 부부에게 하나 둘씩 넘기면서 사랑방으로 은퇴하는데 그 의식을 상징적으로 표현한 것이 환갑 의례이다.

언뜻 보기에 환갑 의례는 조상 숭배의 일부로 보이지 않는다. 그러나 경기도 평택군 소재의 내아리(가명) 주민들은 환갑을 일컬어 '산 제사'라고 불렀다. 대부분 환갑 이후에는 일을 젊은이들에게 맡기고 편안한 노후 생활을 하는 시기로 생각한다. 만약 환갑이 지난 노인이 너무 극성스럽게 살림에 참견한다든지 동네 일에서 물러나지 않으면 비난의 대상이 된다. 그것은 현실 생활에서 떠나 죽음을 준비하는 비활동적인 단계로 여겨지기 때문이다. 곧 환갑부터 죽음까지는 '살아 있지만 죽은 조상'의 대접을 받는 단계라고 볼 수 있다.

두번째는 '죽었지만 살아 있는 노인' 대접을 받는 상청(喪廳)의 단계이다. 죽은 뒤부터 탈상 때까지 3년 동안은 장남 집의 마루에 혼백을 모신 상청을 마련해 놓는다. 이 기간 동안 산 자손은 죽은 조상을 위해 상식(上食)을 올리고 생신도 지내 드린다. 또 그 집에 찾아온 손님은 제일 먼저 상청에 인사를 드린 다음에 다른 사람에게 인사해야 한다. 이 밖에도 계절이 바뀌어 햇과일이 나면 상청에 먼저 올리고, 평소에 담배를 좋아했다면 담배도 피워 놓는 등 마치 집안에 살아 계신 어른처럼 대접한다.

내아리에서는 중복날 마을의 젊은이들이 마을 뒷산에서 노인들을 모시고 복날 음식을 대접하는 풍습이 있다. 너무 연세가 많아 거동이 불편하여 참가 못 하시는 노인에게는 음식을 싸서 집으로 보내 드린다. 이때 상청이 있는 집이 있으면 상청에 올려 놓으라고 음식을 싸서 보낸다. 바로 이런 점에서 상청에 모신 분은 탈상 전까지는 죽었지만 산 사람으로 대접받는다는 것을 알 수 있다.

사당의 신위 사당에는 감실을 설치하여 신주를 모신다. 사당에 모셔진 신위는 산 자손과 함께 집안에 거주하면서 어른의 대접을 받는다. 그 집에 아들이 태어났거나 며느리를 보았을 때, 장례를 치를 때 등 중요한 일이 있을 때마다 제일 먼저 사당에 인사드린다.(위, 아래)

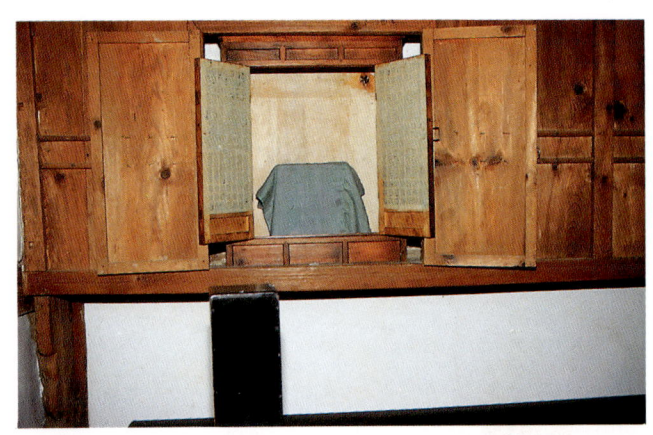

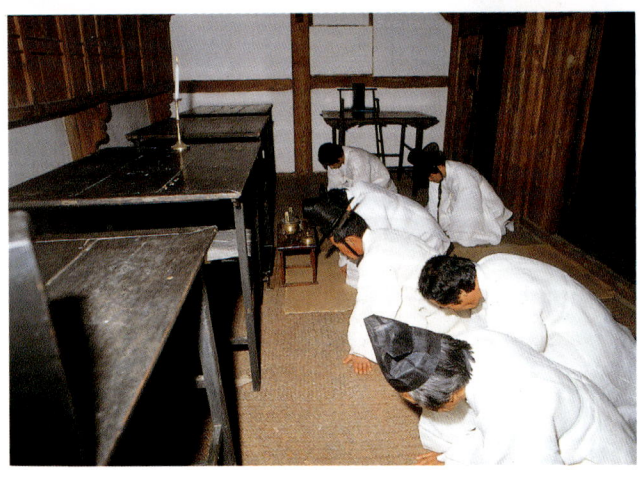

세번째 단계는 제사 기간이다. 탈상이 끝나면 상청에 있던 혼백은 장남 집의 사당에 모셔진다. 제사 기간 동안 그 조상은 적어도 1년에 4번 이상 자손으로부터 대접을 받는다. 곧 본인의 기제삿날, 배우자의 기제삿날 그리고 설날과 추석의 차례이다. 이 제사 기간은 약 1백 년 동안 계속된다. 그것은 1대를 25년으로 잡아 4대(고조)가 될 때까지 제사를 받기 때문이다. 12쪽 사진

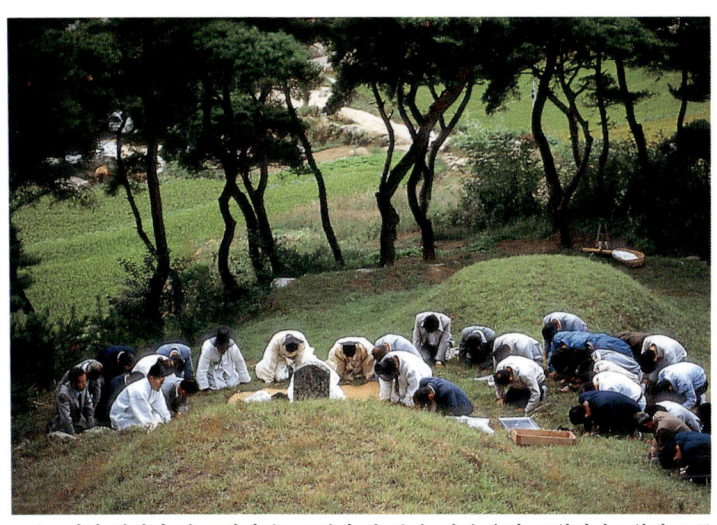

묘사   시제 대상이 된 조상에게는 1년에 한 번씩, 대개 음력 10월이나 3월에 문중 자손들이 찾아와 제례를 올린다.

네번째는 시제(時祭) 단계이다. 종손으로부터 4대조 이상이 되면 사당의 위패는 장손 집을 떠나 묘에 묻히면서 먼 조상이 된다. 시제 대상이 된 조상에게는 1년에 한 번씩, 대개 음력 10월이나 3월에 그 마을의 문중 자손들이 묘에 찾아와 제례를 올린다. 이 묘사는 영원히 계속된다.

이를 정리해 보면 우리 조상들은 크게 네 단계로 나뉘어서 후손으로부터 대접을 받는다. 곧 첫 단계는 환갑에서 사망까지로서, 살아 있지만 죽은 것(비활동적인 면에서)이나 다름없는 '산 조상'의 단계이다. 둘째 단계는 사망에서 탈상까지 죽었지만 '살아 있는 노인' 대접을 받는 상청 시기의 단계이다. 다음은 상청 기간이 끝나고 자손 집의 사당에 조상으로 모셔져서 1년에 4번 대접을 받는 제사 기간이다. 마지막은 1년에 한 번씩 묘에서 자손들과 만나는 시제 기간이 그것이다. 따라서 우리 조상은 죽었지만 자손의 기억과 생활 속에 영원히 살아 있다.

위와 같은 한국의 조상관은 죽음에 대한 태도와 밀접한 관련이 있다.

한국과 미국의 노인들이 죽음에 임하는 태도를 비교한 연구에 의하면, 한국 노인과 미국 노인의 죽음에 관한 공포 수치(Fear of Death Scale)는 98:92로 나타났다. 이 수치는 공포에 대항하는 자신감의 정도를 측정한 것으로 6이라는 차이는 매우 큰 것이라고 분석하였다(서혜경, 한국노년학회 학술 발표회, 1987).

이것은 한국 노인이 미국 노인에 비해 죽음에 대한 태도가 매우 느긋하다는 것을 의미한다. 곧 한국의 노인들은 죽음을 삶과의 단절로 생각하지 않고 있음을 알 수 있다.

미국 노인들은 죽음 전까지는 매우 적극적으로 활동하고 독립적인 생활을 하지만 죽음 뒤에는 삶과 완전히 단절되면서 곧 잊혀진다. 미국에서는 죽음 뒤에 생과의 연결을 위한 문화적 장치는 물론 일상 생활에서도 죽음에 대한 준비나 의논을 별로 하지 않는다. 부모와 자식 사이에도 장례식 절차 등에 대해 전혀 상의하지 않으며 죽음은 없는 일처럼 간주하고 또 금기시하고 있다.

15쪽 사진

그러나 한국에서의 죽음은 갑자기 일어나는 단절의 현상이 아니며 환갑부터 준비하는 과정이라고 볼 수 있다. 그뿐인가, 죽음 이후

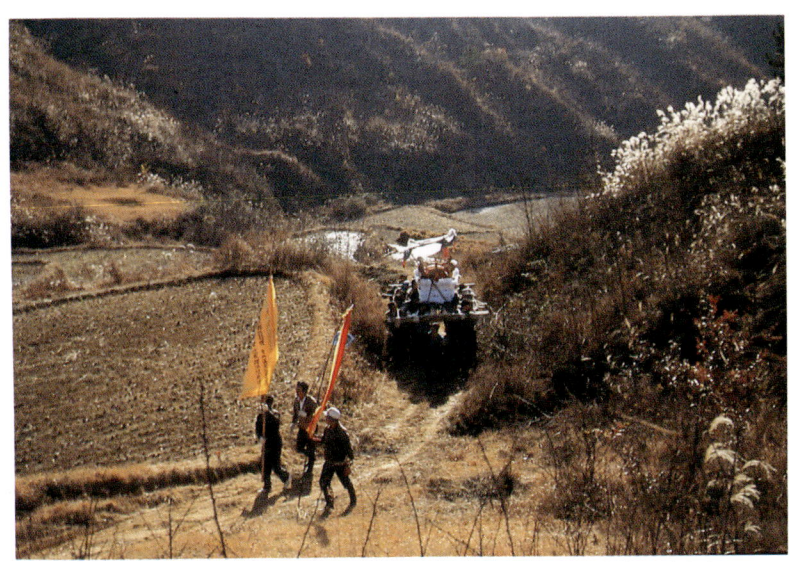

죽음 우리나라에서의 죽음은 생(生)과의 단절 현상이 아니다. 죽음 뒤에도 자손과 끊임없이 교류하는 문화적 장치가 마련되어 있어 생의 한 과정으로 인식되어 있다. 따라서 한국의 노인들은 이러한 문화 장치가 없는 미국 노인들에 비해 죽음에 대한 공포 수치가 현저히 낮아 '느긋하고 편안한 죽음'을 맞이하는 것으로 나타난다.

에도 자손과 끊임없이 교류하는 문화적 장치가 마련되어 있기 때문에 한국의 노인들은 죽음을 '단절'로 보기보다는 하나의 생의 '과정'으로 인식하고 있다.

따라서 한국의 노인들은 혼례를 앞둔 처녀가 혼례식을 준비하는 것처럼 '죽음'을 준비하기 위해 관과 수의도 미리 마련하고, 묘자리도 구해 놓으며 자손들과도 죽은 뒤의 일처리 등에 대해서 상의하기도 한다.

가족들 사이의 대화 가운데 자주 등장하는 것이 "어머님 돌아가시면 제사상에 어머님이 제일 좋아하는 음식을 놓아 드리겠다"는 약속이다. 이런 약속을 듣는 어머니는 안심하고 흐뭇해 한다.

죽은 조상들 때문에 바쁜 자손들

  현재 우리나라 인구는 남한과 북한을 합해 6천여 만명 정도라고 한다. 그러나 여기에 '죽었으나 살아 있는 조상들'까지 합치면 우리나라의 인구는 짐작할 수 없을 정도로 많을 것이다.

  죽은 사람들을 산 인구에 포함시켜 생각해 본 이유는 이들이 산 사람의 생활에 여러모로 막대한 영향을 미치고 있기 때문이다. 우선 죽은 조상들이 차지하고 있는 묘지 문제에 대해서 살펴보자.

17쪽 사진 산 사람의 집을 양택(陽宅)이라고 하고, 죽은 사람의 집을 음택(陰宅)이라고 한다. 우리나라 사람은 산 사람의 주택 문제와 함께 죽은 사람의 주거 문제에도 많은 관심을 갖는다. 될수록 크고 좋은 묘를 만들려는 생각에 호화 묘지가 생기고 마침내 사회 문제로 등장했으며, 이제는 법률적인 제재를 받는 단계에까지 이르고 있다.

  또한 세계에서 인구 밀도가 가장 조밀한 나라 가운데 하나인 우리나라에서 묘지가 차지하는 면적은 1988년 현재 전국토의 1퍼센트나 되고 있다. 게다가 개간 가능한 농경지가 국토의 20퍼센트 정도인데 묘지의 대부분이 이 지역에 위치하고 있어 국토 잠식률의 심각성을 더해 준다. 이것은 매년 서울 여의도의 1.5배가 되는 면적이 묘지화 되고 있음을 의미한다.

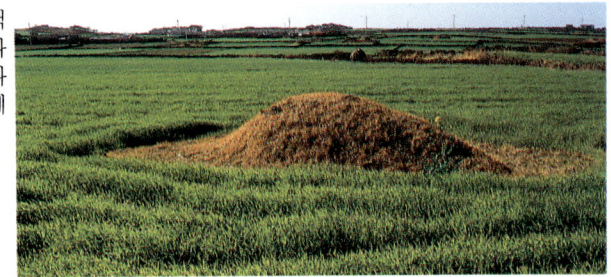

묘(墓) 죽은 사람의 집을 음택(陰宅)이라고 한다. 우리나라 사람은 산 사람의 주택 문제와 함께 죽은 사람의 주거 문제에도 많은 관심을 갖는다.

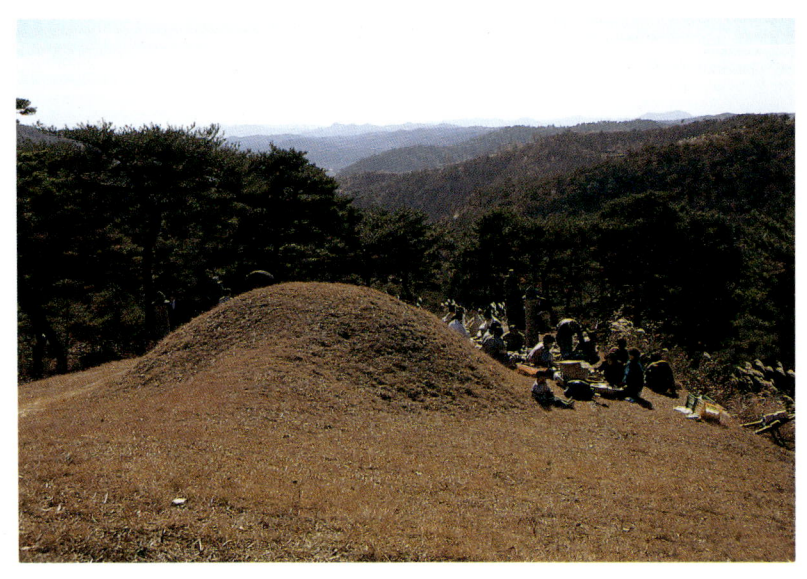

음택 죽은 조상을 모신 묘는 산 사람의 주택보다 더 많은 배려와 정성을 쏟아야 한
다. 우선 양지 바르고 전망 좋고 또 조상이 편히 계실 명당 자리를 잡아야 하며 일년
에 서너번씩 방문하여 벌초 등을 하며 집 가꾸기도 하여야 한다. 또 조상이 이 묘자리
에서 불편하시면 이사(이장)도 해드려야 한다.

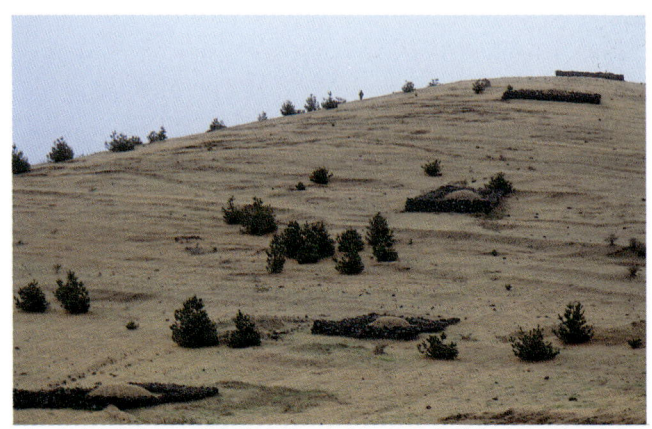

묘지 우리나라에서 묘지가 차지하는 면적은 1988년 현재 전국토의 1퍼센트가 된다.

　또한 산 사람의 집자리가 좋아야 하는 것처럼 죽은 사람의 집인 묘자리를 이른바 명당에 모시기 위해 풍수(風水)에 관한 신앙이 고도로 발달하였고, 지금도 명당 잡기에 많은 사람들이 시간과 비용을 아끼지 않는다.

　그뿐만이 아니다. 산 사람이 이사 다니는 것처럼 죽은 조상도 계속 이사를 다닌다. 조상의 묘자리가 좋지 않다고 하면 좀더 좋은 자리로 이장하는 사례가 빈번하다. 따라서 한국에서는 산 사람의 주택난도 심각한 데다가 죽은 조상들의 주택난까지 겹쳐서 주택 소유가 더더욱 힘든 형편이다.

　특히 우리 조상들은 주택만 소유하는 것이 아니라 산 사람보다 더 많은 재산을 소유한 경우도 있다. 곧 죽은 조상을 위해 지내는 제례 비용이 무시할 수 없을 정도로 많은데 이 비용을 조상이 소유한 재산에서 충당하는 경우가 그것이다. 이런 재산을 위토(位土)라 하는데 유명한 조상들은 많은 위토답(位土畓)을 소유하고 있다.

　안동 권씨 씨족의 경우 시조(始祖)인 권행(權幸)을 모시기 위한 위토답으로 약 40여 마지기(8000여 평)가 있고, 하회 류씨(柳氏) 문중은 세 분의 불천위(不遷位;큰 공훈이 있는 사람으로서 영구히 사당에 모셔 두는 것을 나라에서 허락한 신위)에 해당하는 위토만도 약 90마지기나 된다. 물론 이들 문중답은 살아 있는 자손들 이름으로 되어 있지만 조상을 위한 위토이기 때문에 실질적으로는 처분할 수 없는 땅이다.

따라서 문중답의 경우도 조상의 묘와 함께 처분권이 제한되어서 국가의 국토 이용에 많은 지장을 주고 있다. 현재는 종중(宗中) 소유의 위토를 마련하는 것을 법으로 금지하고 있다.

우리나라에서는 친족 관계가 발달하여 친척들의 회갑, 생신, 결혼 등은 물론 크고 작은 일들에 꼭 참여하여야 하는 부담을 갖는다. 게다가 죽은 친척들의 행사에도 참여해야 한다. 돌아가신 조부모와 부모님, 큰아버지, 작은아버지 등의 제사에 꼭 참여해야 한다. 또 설날과 추석에도 조상님께 잊지 않고 세배도 하고 차례도 지내야 한다. 그리고 1년에 적어도 2번(추석, 한식)은 성묘를 해야 한다. 한국인들은 산 친척, 죽은 친척들의 크고 작은 행사들로 해서 상당히 바쁘게 산다고 볼 수 있다.

조상 덕을 보는 사람, 조상 탓을 하는 사람

우리나라 사람이 죽은 조상들을 위해 바쁜 시간을 쪼개서 많은 시간을 할애하는 이유는 죽은 조상들이 산 자손들의 복지에 큰 영향을 끼친다고 생각하기 때문이다. 우리나라 사람은 조상과 자손을 동일체로 인식하고 있다. 곧 훌륭한 조상을 둔 자손은 자신도 훌륭한 사람인 것처럼 착각한다. 그것은 거의 보편적인 생각으로 인식되고 있다.

한 예로 전통 사회에서는 자기를 소개할 때, "나는 아무개올시다"라고 하기보다는 자기의 직계 조상 가운데 가장 출세한 유명한 조상과 함께 소개한다. 곧 "저는 영의정 아무개의 5대손 누구올시다"라는 식의 소개가 그것인데, 그 속에는 나의 조상이 정승을 지낸 훌륭한 사람이므로 나 또한 그만큼 훌륭한 사람이라는 주장을 하는 셈이다.

남, 북한으로 갈라진 지 40년이 지났으나 조상과 자손을 동일체로 인식하는 데는 두 사회가 똑같은 것 같다. 남한에서는 조상이 과거에 벼슬하고 출세한 인물이라면 지금도 자손들은 그것을 크게 자랑하면서 혼인이나 사회 진출 등에 도움을 받고 있다. 북한에서는 '훌륭한 조상'의 개념이 남한과 아주 다르다. 곧 북한에서는 과거에 벼슬하고 출세한 조상들은 노동자와 농민을 착취한 계급이기 때문에 그런 조상을 가진 자손은 상당한 불이익을 감수해야 한다. 그러나 조상이 농민인 자손들은 출신 성분이 훌륭하고 믿을 수 있는 사람으로 인정되어 공산당원의 자격을 좀더 쉽게 얻을 수 있다.

이렇게 볼 때 남한과 북한에서의 '좋은 조상'의 조건은 다르지만, 죽은 조상 때문에 산 자손이 덕을 보든가 불이익을 당하는 것은 같다고 볼 수 있다. 곧 이것은 자본주의 사회인 남한이나 사회주의 사회인 북한을 막론하고 이념을 초월한 민족 동질성을 증명한다고 하겠다. 따라서 한국 사회에서는 조상 덕을 보는 사람이 있는 반면, 조상 탓을 하는 사람도 있기 마련이다.

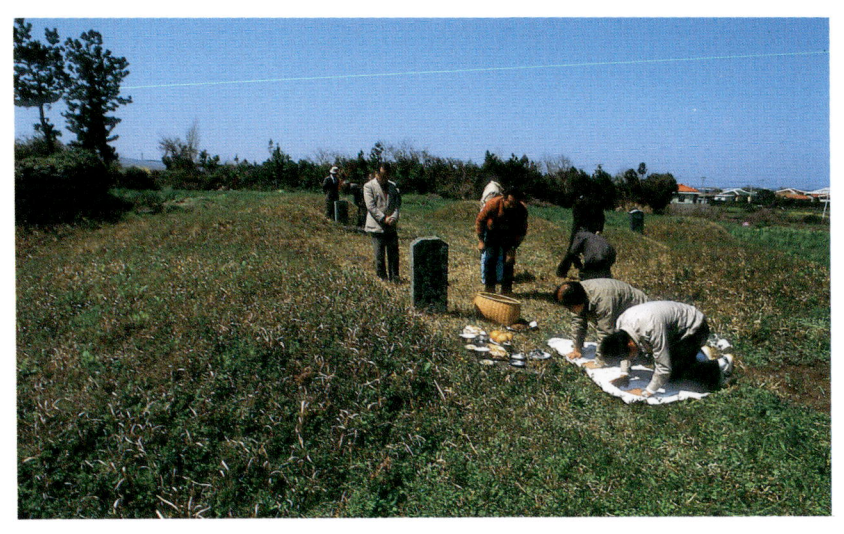

성묘 우리나라 사람이 죽은 조상들을 위해 바쁜 시간을 쪼개서 많은 시간을 할애
하는 이유는 죽은 조상들이 산 자손들의 복지에 큰 영향을 끼친다고 생각하기
때문이다. 곧 훌륭한 조상을 둔 자손은 혼인할 때나 출세에 도움을 받는다.

조상 제례의 종류

조상 제례란 조상과 자손과의 이념적 관계를 행동으로 표현한 양식이다. 따라서 어떤 조상을 위하는가에 따라 제례의 명칭이 달라진다.

우리나라에서 행해지는 제례도 종류가 아주 다양하다. 곧 사당제(祠堂祭)를 비롯하여 청명(淸明), 한식(寒食), 중추절, 중양절(重陽節)과 같은 명절 때 지내는 천신례(薦新禮)가 있다. 또 계절마다 중월(仲月)인 2월, 5월, 8월, 11월에 지내는 사시제(四時祭), 9월에 올리는 미제(彌祭) 등 매우 많다.

그러나 대체로 우리에게 잘 알려진 제례로는 우선 집안 종손의 4대조 이내 조상을 위한 기제사(忌祭祀)가 있다. 그리고 설날과 추석에 지내는 차례(茶禮)와 기제사를 지내지 않는 종손의 5대 이상의 조상을 위한 묘제(墓祭) 또는 시제(時祭)가 가장 잘 알려져 있는 제사이다.

이 밖에 명문 대가에서 지내는 불천위(不遷位) 제사와 성씨(姓氏) 시조(始祖)를 위한 제례가 있다.

묘제 또는 시제(時祭)

시제 대상 조상과 참가 자손

시제란 어떤 지역에 문중을 형성하고 있는 씨족(氏族) 마을 성원들이 그 문중의 중시조(中始祖)나 입향시조(入鄕始祖)를 시작으로 해서 5대조 이상의 조상을 위해 지내는 제사를 말한다.

한 예로 경기도 평택군에 있는 내아리 김씨 문중(가명)의 시제 양상을 살펴보자.

내아리 마을에는 56호(1973~1974년)가 살고 있는데 진해 김씨 집안이 33호이고, 사위들 집이 7호, 타성(他姓)이 16호이다. 행정 구역상으로 리(里)보다는 작은 자연 마을인 내아리에는 사람들마다 '우리 마을'이라는 생각을 공통적으로 갖고 있으며 일상 생활에서도 깊은 연대감을 지니고 있다.

표 1. 내아리 진해 김씨 중시조 김보의 자
손들이 경기도 일대에 형성한 5개의 파

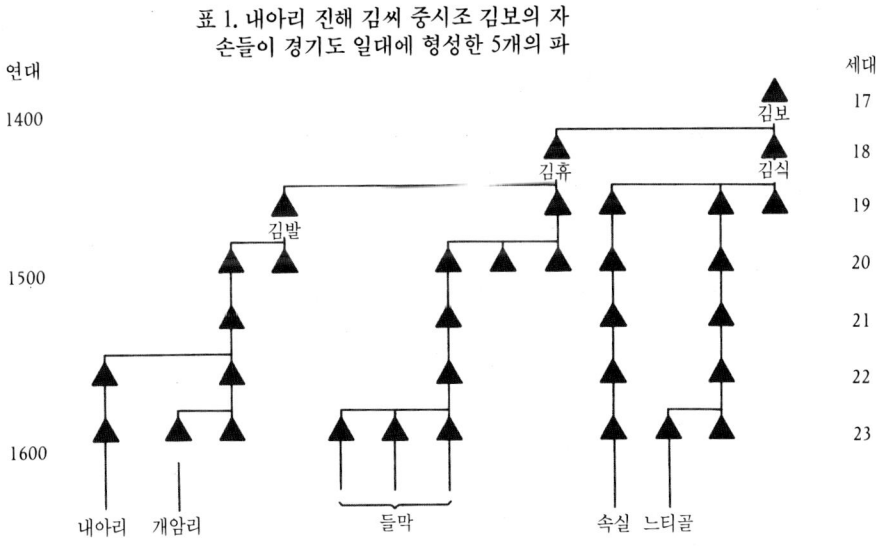

이 내아리의 진해 김씨는 평택군 일원에서는 "내아리 김씨"로 알려져 있는 동족 마을인데 경기도 안의 다른 4개 파의 진해 김씨와 연관을 갖고 있다. 따라서 내아리 김씨의 시제를 이해하기 위해서는 내아리 김씨 문중의 형성 과정과 내아리 주위의 다른 김씨 문중과의 상관 관계를 밝혀야 할 것이다.

진해 김씨 시조는 김행으로 신라 말에 왕건을 도와 고려를 세운 공신이다. 그 김행의 17대 자손 가운데 김보가 개성에서 지금의

23쪽 그림 평택 부근으로 내려와 자리를 잡았다(표1 참조). 이는 조선 초기의 일로 약 1400년경이다.

김보에게는 김식, 김휴 두 아들이 있는데 첫째 아들인 김식(18대)은 아들 셋(19대)을 두었다. 이 가운데 둘째 아들이 번창하여 '느티골파'(수원 부근) 김씨 문중을 형성하였다. 또 김식의 셋째 아들 자손들은 현재 용인 부근에서 '속실파' 김씨 문중을 형성하였다. 한편 김보의 둘째 아들인 김휴(18대) 첫째 아들(19대)의 셋째 아들(20대) 자손들이 현재 내아리에서 수백 미터 떨어진 들막에 안주하여 '들막파'를 형성하였다. 김휴의 둘째 아들 김발의 자손이 내아리와 개암리파를 형성하였다. 개암리파는 내아리에서 23대손부터 이주하여 형성되었다.

따라서 중시조 김보(김해 김씨 17대손)의 자손들은 평택을 중심으로 인근 지역에 5개 파를 형성하고 있다. 이들 5개 파는 매년 음력 9월 9일 각 파에서 2명의 대표를 보내 그들의 공동 조상인 김보의 묘소에 모여 시제를 지낸다. 또 5개 파는 공동 조상인 김보 외에 각기 자기 파의 조상들에게 시제를 지내는데 각 조상들의 시제 시기는 표2와 같다.

25쪽 그림 표2를 보면 음력 10월 1일에 5개 파 대표들이 모여 18대 조상인 김식과 김휴의 시제를 같이 지낸다. 그러나 때로 속실파와 느티골파는 김보의 큰아들 김식의 시제를 따로 지내고, 들막파와 개암리파

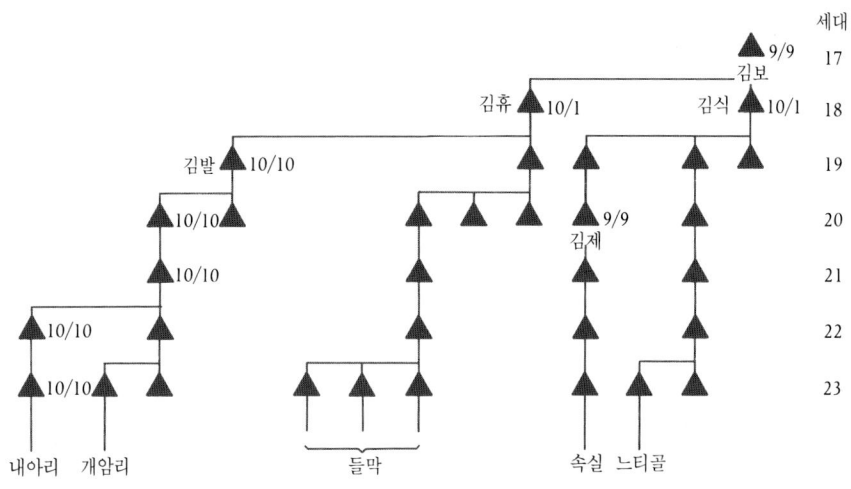

세대

17
18
19
20
21
22
23

9/9 김보

김휴 10/1   김식 10/1

김발 10/10

10/10

10/10

9/9 김제

10/10

10/10

내아리 개암리   들막   속실 느티골

표 2. 내아리와 다른 파문중원들이 지내는 시제 조상의 대상과 날짜

그리고 내아리파에서는 김보의 둘째 아들 김휴의 시제를 별도로 지낸다. 곧 이 5파의 사이가 좋을 때는 서로 자기의 방계 조상의 시제에 참여하지만 그렇지 않을 때는 각기 자파 직계 조상만의 시제를 지낸다는 것을 알 수 있다.

표2에서는 느티골파의 시제 대상인 20대의 김제와 5파의 공동 조상인 김보를 같은 날인 9월 9일에 시제를 지내는 것으로 되어 있는데 이는 느티골파의 시제 대상인 김제의 묘가 김보의 묘 바로 위에 있어서 편의상 같은 날에 지내기 때문이다. 그리고 느티골파의 자손이 아닌 다른 4파의 자손들도 김보의 시제 참여차 왔지만 이 김제 시제에도 같이 참여하였다.

내아리파와 개암리파는 10월 10일부터는 그들의 공동 조상인 김발(19대)과 20대인 김발의 둘째 아들, 21대, 22대, 23대 조상의 시제를 같이 지낸다. 22대와 23대 조상은 개암리파 입장에서 보면 직계 조상이 아니지만 같이 지낸다.

10월 11일부터는 내아리 자손들만이 모여서 그들의 시제 대상 조상을 제사 지낸다. 곧 31대까지에 해당하는 직계 조상들이다. 물론 직계 자손들은 그들의 방계 조상보다 직계 조상의 시제에 더 열심이고, 시제 조상의 초헌관(初獻官;제사 때 처음 잔을 올리는 일을 맡아보는 사람)은 꼭 이 직계 자손에서 나온다. 방계 자손들은 대체로 직계 자손들과의 사회적 유대 관계가 긴밀하면 할수록 참여율이 더 높다.

시제의 경제적 부담

시제에 드는 비용은 막대하다. 내아리의 경우 각 조상의 묘 앞에 일일이 제수를 진설하고 시제를 드린다. 그 시제가 끝나면 다른 조상 앞에 새로운 제수를 진설하고 시제를 드린다. 1973년의 경우 한 분의 제수 마련 비용이 1만원(당시 쌀 한 가마 값에 해당)이 들었다.

각 시제 대상이 되는 조상은 각기 시제답이라는 위토(논이나 밭)가 마련되어 있어 이것을 문중원이나 비문중원에게 임대하고, 임대료 대신으로 그 조상의 시제 음식을 준비하게 한다. 이러한 시제답의 마련은 조상의 직계 자손들이 마련하기도 하고 부유한

시제답 시제 대상이 되는 조상은 위토가 마련되어 있다. 위토는 경작인에게 임대하며 경작인은 지세 대신 해당 조상의 제수를 마련한다. 하회 류씨 시제답.(왼쪽, 오른쪽)

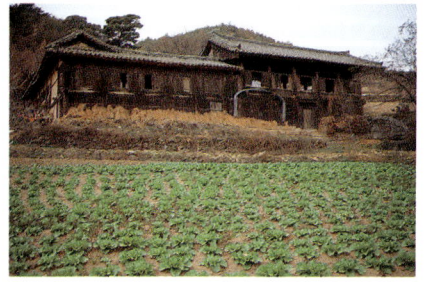
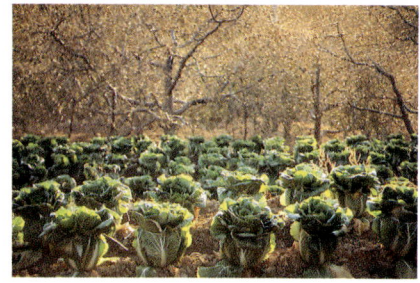

종손이 마련하기도 한다. 또 문중의 수입으로 마련하거나 개인이 마련하기도 한다. 내아리의 경우 모든 시제 대상의 조상은 각기 일정한 양의 시제답을 소유하고 있어 시제 비용을 부담하고 있다. 그리고 어떤 조상의 시제답은 다른 조상의 시제답보다 많거나 적을 수가 있다.

내아리에서는 특정 조상의 시제답을 경작하는 자손이나 경작인이 그 조상의 시제 음식을 마련하여 지게에 제수를 담아 산까지 올라가 진설(陳設)한다. 시제 대상 조상 수는 약 30여 명으로 시제를 다 지내는 데 약 3일이 걸린다.

시제의 사회적 기능

내아리의 김씨 문중원들은 그들 조상에 대한 시제를 하나도 빼놓지 않고 지내는데, 그 이유는 무엇인지 알아보자.

여기에 대해 송준호 교수는 '남원 지방의 예로 하여 본 조선시대 향촌 사회의 구조와 성격'(「朝鮮社會史研究」, 일조각, 1987, 283~285쪽)이란 논문에서 다음과 같이 밝히고 있다.

조선시대의 정치와 사회를 지배한 계급은 양반이었고, 그 양반의 대부분은 생활 근거를 향촌에 두었다. 그러면 향촌을 지배한 양반은 누구인가? 여러 요인 가운데 중요한 요건은 "자신이 소속하고 있는 씨족(氏族) 또는 그 씨족 안의 한 파에서 이른바 시조 또는 중시조(中始祖)로 추대되고 있는 그 인물의 후손이라는 것이 계보(系譜)상으로 분명한" 사람들인 것이다.

둘째로 저들 양반은 언제부터 어떤 경위를 거쳐 남원에 살게 되었는가 하는 그 역사가 분명한 사람들이었다. 따라서 입향조(入鄕祖)가 있고 입향 이후의 세거지(世居地)가 있으며, 그 세거지를 무대로 하여 전개되고 축적된 나름대로의 역사가 있다.

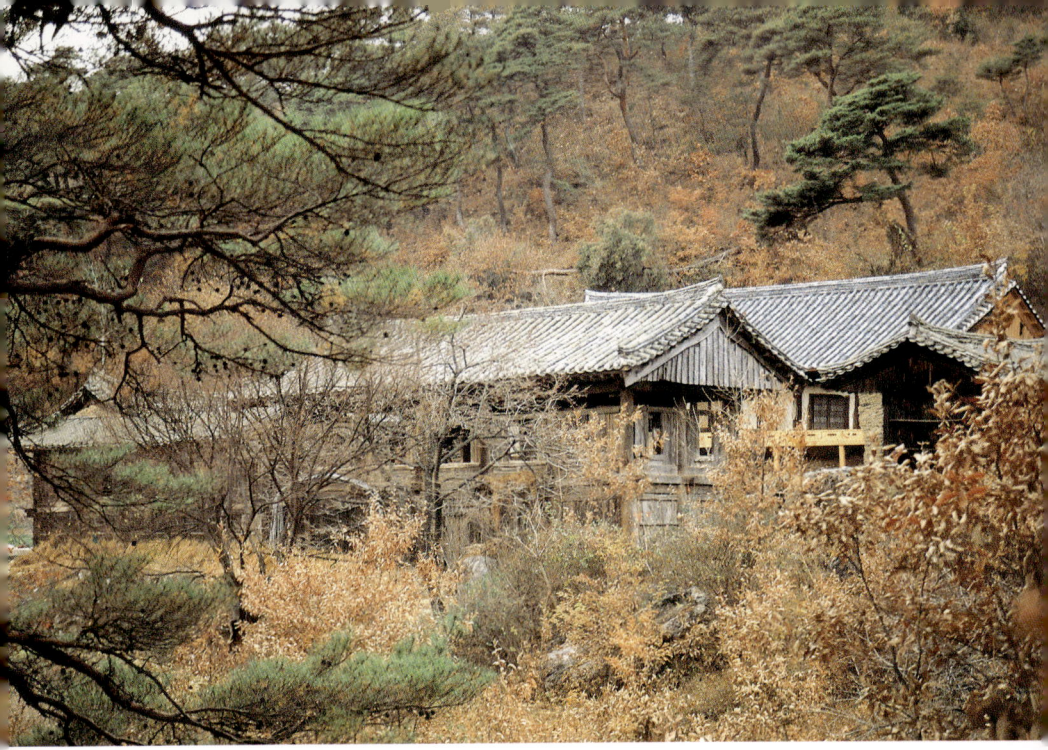

시제 향촌 사회에서의 지배 계층은 양반이며 이 양반 안에서도 여러 등급이 있다.
좀더 훌륭한 양반이 되는 조건 가운데 중요한 것은 '훌륭한 조상'의 자손임을 증명하
는 것이다. 곧 이 신분 위세의 중요한 요건은 훌륭한 조상을 자랑하고 내세우며 그
벼슬한 조상과 자손과의 관계를 입증하는 것이라 하겠다. 시제는 바로 이 신분 주장
을 하는 중요한 기능을 지닌다. 위는 하회 류씨 문중 소유의 제각이고 오른쪽 위,
아래는 하회 류씨 시제이다.

28 조상 제례의 종류

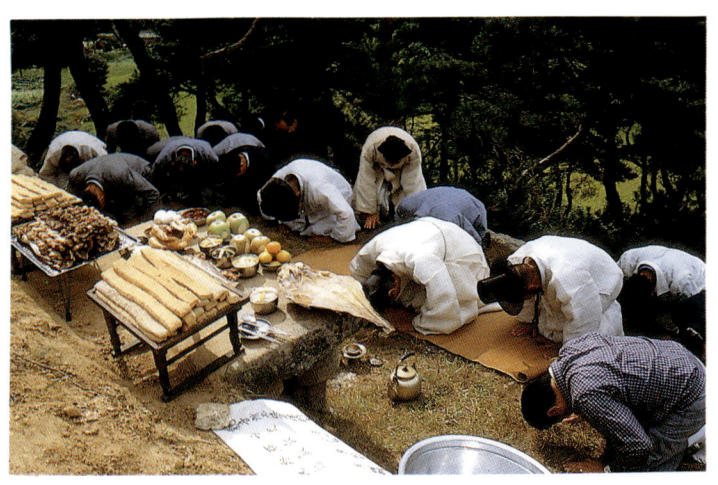

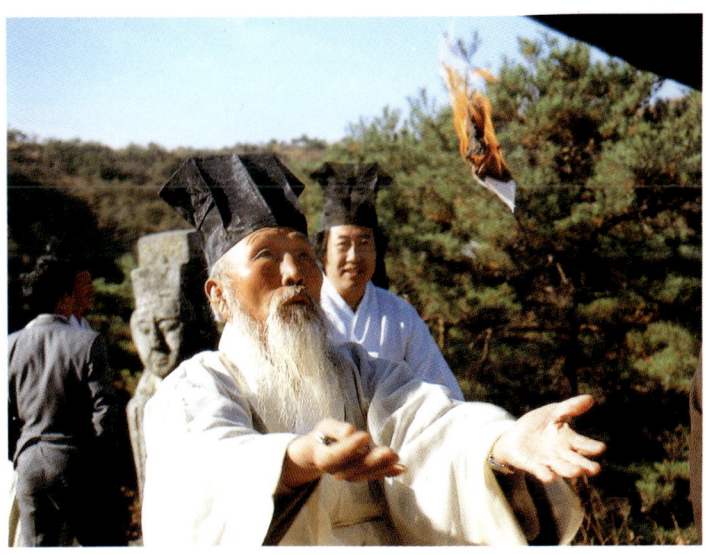

셋째로 양반에게는 반드시 현조(顯祖)가 있다. 양반의 자격 요건 가운데 가장 중요한 것은 바로 이 현조 곧 '누구의 후손(後孫)'이라고 말할 수 있는 그 '누구'의 존재이다. 같은 양반 안에도 많은 등급이 있었다는 말을 앞에서도 하였는데 그 등급이라는 것도 주로 이 현조의 한 인물로서의 비중에 의해 좌우되었다.

그러나 이상에서 열거한 요건만으로는 양반으로서의 지위를 누리는 데에 충분하지 못하다. 일찍이 시조 또는 중시조에 의해서 확립되고 그의 후손 특히(위에서 설명한 바와 같은) 현조에 의해서 계승 또는 향상된 양반으로서의 지위를 다시 계승, 향상시키려는 노력이 남원에 정착한 이후에도 계속되어야 한다. 그 노력은 구체적으로는 과거(科擧) 및 관계(官界)로의 진출, 학문에의 정진, 덕행의 실천, 예절의 신봉 그리고 결혼 등 여러 영역에서 이루어져야 했다. 따라서 양반의 지위를 유지한다는 것은 결코 쉬운 일이 아니었다.

송 교수의 논문에서 지적한 것처럼 향촌 사회에서의 지배 계층은 양반이며 이 양반 안에서도 여러 등급이 있다는 것이다. 따라서 어느 양반 집단은 다른 양반 집단보다 더 높거나 낮은 양반이라는 것을 항상 염두에 두어야 한다. 좀더 훌륭한 양반이 되는 조건 가운데 중요한 것은 '훌륭한 조상'의 자손임을 증명하는 것이다. 곧 이 신분 위세의 중요한 요건은 훌륭한 조상을 자랑하고 내세우며 그 벼슬한 조상과 대개는 벼슬하지 못한 자손과의 관계를 입증하는 것이라 하겠다.

29쪽 사진 시제는 바로 이 신분 주장을 하는 중요한 기능을 지닌다. 그러나 '신분 주장'만을 위한 것이라면 조상의 묘마다 찾아 다니며 빠뜨리지 않고 시제를 지낼 필요는 없다. 유명한 조상만을 위한 대표 시제만 지내도 될 것이다. 각 조상을 빼놓지 않고 지내는 것은 그 조상들과

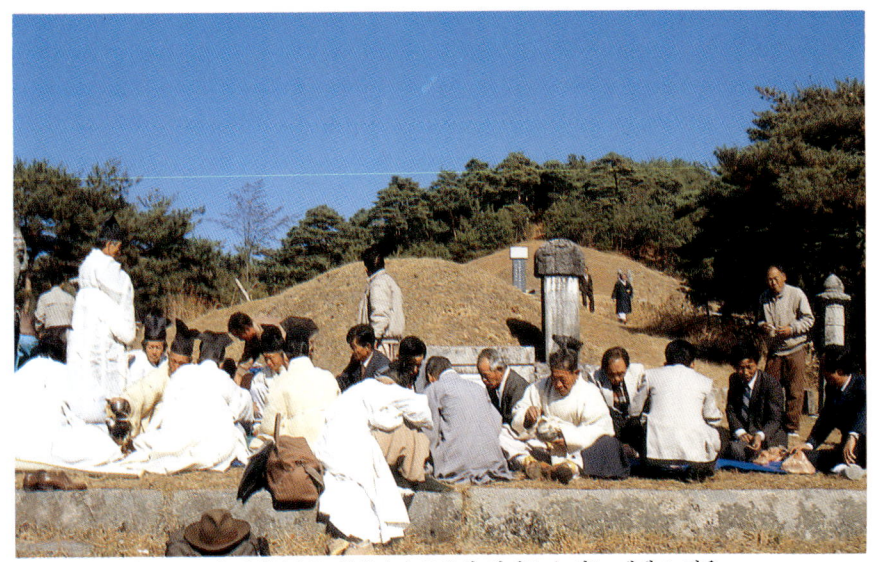

시제 위세가 있는 문중의 성원일수록 합심하여 문중의 위세를 높이는 데에 노력을 기울인다. 시제는 문중의 위세를 위한 행위 가운데 중요한 부분이다. 하회 류씨 시제.

현재 자손과의 관계를 확실히 하고 한 지역에서 계속 살아왔다는 증거를 보이기 위해서이다.

이러한 현상은 송 교수의 지적처럼 역사를 실제로 증명할 수 있기 때문이라고 생각된다. 역부환조(易父換祖)의 수법 등으로 족보를 위조하는 것이 그 당시의 풍조 가운데 하나였을 때 족보로는 다른 조상 밑의 자손으로 기재하여 행세하기는 쉬웠을 것이다. 그러나 묘를 찾아 다니면서 시제를 지내는 것은 조상과 자손과의 관계를 가장 확실하게 증명할 수 있는 방법이므로 속임수를 쓰기가 더 어려웠을 것이다.

따라서 전통 사회에서 시제의 양상은 훌륭한 조상의 자손임을 증명함으로써 향촌 사회의 지배 계층으로 인정받는 측면과 더불어 한곳에 대대로 뿌리 내리고 살고 있는 신용 있는 집단이라는 과

시라고 볼 수 있다.

전통 사회에서 개개인은 '김아무개' 개인으로서의 행세보다는 그 지역의 '내아리 김씨 문중'의 일원으로서 대접을 받는다. 따라서 그 지역 여러 성씨의 문중간의 위세 경쟁은 바로 각 개인의 그 지역에서의 이해 관계와 직결된다. 좀더 위세가 있는 문중의 성원일수록 모든 생활에서 유리한 위치에 있기 때문에 문중 성원들은 합심하여 문중의 위세를 높이는 데에 노력을 기울인다. 시제는 바로 이 문중의 위세를 위한 행위 가운데 중요한 부분이다.

명절 제사와 기제사

묘사와는 달리 기제사와 명절 제사는 각 집의 장남이나 종손의 집에서 행해진다. 기제사는 돌아가신 분의 사망 전날 밤 12시에 지내고 명절 제사는 설날과 추석 아침에 지낸다. 지역에 따라 추석보다는 중양절(음력 9월 9일)에 지내는 곳도 있다(경북 안동의 경우). 기제사와 명절 제사에 대한 향제자(享祭者), 참가 자손, 의례 책임자 등에 대해 살펴보자.

향제자(享祭者)

기제사와 명절 제사의 봉사 대상은 각기 다르다. 기제사의 봉사 대상들은 명절 제사의 봉사 대상보다 한정되어 있고 소수이다. 기제사의 봉사 대상은 각 집의 남계 직계 4대조에 해당하는 조상들이다. 내아리 마을 주민들은 고조부, 증조부, 조부, 부와 그들의 정식 부인들을 기제사 대상으로 삼고 있다. 그러나 지역에 따라서 3대조까지만 제사를 지내는 곳도 있다.

기제사의 대상 가운데 여자 조상은 어머니로서의 자격이 아니라 남자 조상의 부인 자격으로 제사를 받는다. 한 예로 정식 부인이 아이를 못 낳았을 경우 양자를 들여 그 양자에 의해 제사를 받는다. 또 첫째 부인이 죽은 뒤 정식 혼인한 둘째 부인은 첫째 부인의 아들이 있을 경우, 자신의 아들이 있다 하여도 첫째 부인의 장남에 의해 기제사를 받는다. 그러나 부인이 아들을 낳았다 하더라도 그 집에서 살지 못하고 재가했을 경우는 부인의 자격을 상실한 것이 되어 그 집에서 제사를 받지 못한다. 또 첩의 경우는 제사를 받지 못한다. 물론 첩의 아들이 따로 제사를 지내겠지만 그 집의 장남이 지내는 제사 대상에서 제외된다.

한편 기제사의 대상 가운데 모호한 조상이 있다. 곧 종손의 입장에서 보면 4대조 이상으로 기제사 대상이 되지 않지만, 종손의 윗대(예를 들어 삼촌) 입장에서는 4대조에 해당하는 조상들이다. 이런 경우 「사례편람(四禮便覽)」에 의하면 종손의 집에서 가장 항렬(行列)이 높은 당내의 친족집으로 제사를 옮겨야 한다고 쓰여 있는데 이것을 제천(祭遷)이라고 한다. 그러나 이런 경우는 보고된 바가 없다. 따라서 종손집에서 대진(代盡)된 조상은 어떤 경우는 시제 대상이 되고, 어떤 경우는 기제사 또 어떤 경우는 차례만 받는 대상이 되는 등 각 지역이나 집안마다 대접이 일정하지 않다.

기제사의 대상이 되는 조상보다 더 넓은 범위의 조상이 명절 제사의 대상이 된다. 명절 제사는 설날과 추석날 아침에 종손집에서 그 집의 4대조까지 해당하는 조상을 대상으로 지내고 있다.

내아리의 경우는 한 상에다 각 조상에게 밥 한 그릇씩을 바꾸어 올리면서 절을 하는 것으로 대신한다. 그러나 강릉 선교장의 추석 차례(1986년 9월 18일)에서는 3대 조상만을 지내는데, 사당에서 3대 조상 앞에 각기 따로 상을 보아 놓고 지내고 있었다.

내아리 경우는 명절 제사의 대상이 기제사 대상 조상과 기타 조상들로 되어 있는데 기타 조상의 예는 표3, 표4와 같다. 34, 35쪽 그림

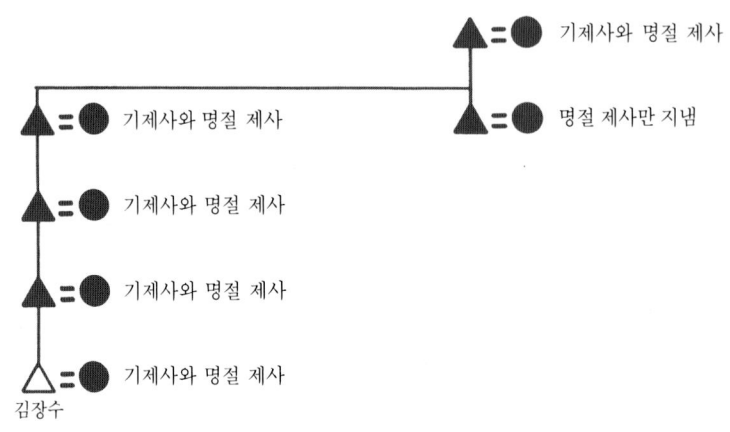

표 3. 명절 제사에만 봉양되는 조상(1)

　　김장수 씨는 표3에서 보는 것처럼 그의 부모와 조부모, 증조부
모, 고조부모 그리고 부인의 제사까지 해서 모두 9명의 기제사를
지낸다(부인의 기제사는 김장수 씨의 아들인 김성식 씨가 지낸다).
그러나 차례 때는 증조부의 형님인 백증조부 내외를 포함한다. 이
백증조부 내외는 자식이 없고 김장수 씨로 보면 직계는 아니다.
김장수 씨는 "물론 백증조부 내외 기제사를 지내 드려야 마땅하나
형편상 지내 드리지 못하고 차례 때는 숟가락 하나 더 놓으면 되니
지내 드린다"라고 차례에 포함하는 이유를 설명했다. 사실 기제사
는 특별히 그 조상을 위해서 음식을 마련해야 하기 때문에 지내기가
힘들다. 그러나 명절 제사는 어차피 다른 직계 조상들의 제사를
지내기 위해 음식상을 진설해야 하고 이 조상의 공동 제사에 직계가
아닌 가까운 남계 친족(자식 없이 죽은 친동생 등)들을 같이 지내
주는 경우가 많다.

35쪽 사진　　명절 제사에만 봉양되는 또다른 조상의 범주는 표4와 같다.

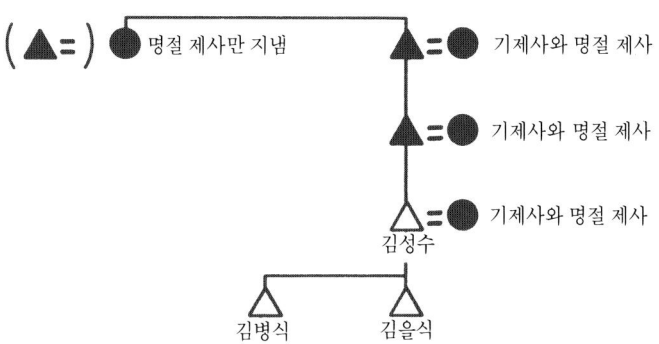

표 4. 명절 제사에만 봉양되는 조상(2)

    김성수 씨 댁에서는 부모, 조부모, 김성수 씨 부인의 제사까지 5명의 기제사가 있으나 명절 제사에는 조부모의 누님 내외까지 차례를 지내는데 거기에는 독특한 내력이 있었다. 김을식 씨 뒤로 태어난 아이들이 어려서 계속 죽자 무당에게 물어보니 김성수 씨 조부의 누님이 자손이 없어(결혼을 했는지 안 했는지 모름) 아무도 제사를 지내 주지 않고 무덤도 돌보지 않기 때문에 내린 벌이라고 설명해 주었다.

    그 뒤부터 김성수 씨 집에서 이 조부의 누님을 명절 제사 때마다 모시고 묘도 꼭 돌봐 드린다고 한다. 그런 결과인지는 모르지만 김을식 씨의 남동생인 김병식 씨는 죽지 않고 어른이 되었는데 김을식 씨와의 나이 차가 20여 세나 된다. 김을식 씨의 말에 의하면 이 조부의 누님이 결혼을 했는지 안 했는지는 모르나 한 분만 모시기에는 무엇해서 두 분을 함께 모신다고 한다.

    기제사가 4대조에 한한 직계 조상과 그의 정식 배우자인 조상에 대한 의례라면 명절 제사는 남계 친족의 범위가 확대된 방계 조상과 친족까지를 포함한다. 이 명절 제사에만 포함되는 조상들은 남계 친족원이며 다른 어떤 곳에서도 제사를 받지 못하는 조상들이다. 따라서 자손의 입장에서는 직계가 아니기 때문에 관심과 의무감이 없지만 명절 제사에 포함하는 이유는 크게 두 가지로 볼 수 있다.

첫째, 죽은 친족을 굶기면 안 된다는 생각이다. 이는 곧 제사란 죽은 조상도 음식을 잡수셔야 살 수 있다는 신앙에 그 기반을 두고 있다. 흔히 "제사 잡수신다"라는 표현을 마을 주민들이 쓰고 있다. 이것은 생활이 어렵거나 부양할 자손이 없는 근친이 있을 경우 보살 피는 것처럼, 죽은 큰아버지나 삼촌의 자손이 없을 경우 조카가 제사를 지내 주는 것이다. 이것은 친족 결속과 상호 협조라는 사회 적 기능을 표현한 것이라고 하겠다.

둘째, 김성수 씨의 경우에서 보듯이 죽은 조상이 굶게 되면 그 해가 자손에게 내린다는 민간 신앙 때문이라고 볼 수 있다. 유교식 재래 신앙에는 이런 점이 언급되지 않고 조상과 자손 사이의 의무와 은혜에 답하는 행위로만 간주되고 있다. 그러나 대개의 집안에서 제사를 잡숫지 못하는 조상이 있을 경우, 그들은 굶어 있는 상태이 기 때문에 이 욕구를 충족시키기 위해 계속 집안에다 재앙을 내린다 고 믿고 있다. 마치 살아 있는 가난한 근친이 계속 부담을 주는 것 같다고 생각한다.

따라서 재앙을 피하기 위해서는 조상의 불만을 해소시켜야 하는 데 그 방안 가운데 하나가 정기적으로 제사를 지내 주는 것이다. 그러나 기제사를 따로 지내기는 경제적으로나 여러 가지 면에서 힘들기 때문에 명절 제사에 함께 지내 주어 최소의 비용과 노력으로 조상의 불만을 달래는 것이라고 하겠다.

그러므로 기제사가 조상과 자손 사이의 사회적 의무를 행하는 직계 남계 조상을 위한 의례인 반면, 명절 제사는 근친을 돌본다는

것과 기제사를 못 받는 조상을 불쌍하게 생각하는 감정 그리고 죽은
자들로부터 해를 피하려는(사실은 산 자를 위한) 개념이 들어 있다
고 볼 수 있다. 이러한 감정적 유대가 더 강하게 작용하는 것이 무속
의 '조상굿'이다.

참가 자손

명절 제사에 참여하는 자손들은 고조를 공동 조상으로 하는 8촌
이내의 당내 친족들이다. 이들은 설날과 추석날 아침에 각각 그들의
종손집에 모여 고조로부터 그 뒤 조상의 차례를 공동으로 지낸다.

내아리의 경우 6개의 당내 집단으로 나뉘어 있으나 당내라고
해서 반드시 8촌간은 아니다. 집단의 성원이 많은 경우는 더 세분되
기도 한다. 예를 들어 김근식 씨와 김상식 씨는 8촌간이지만 다른
차례 집단에 속하고 있다. 내아리 김근식 씨 당내의 명절 제사 상황
을 보면 표5와 같다.

① ② ③ ⑤ ⑥ 모두 ①의 집(①은 서울에 살지만 형이 죽었기
때문에 34대인 미망인 어머니가 사는 큰집에 내려왔다)에 모여
31, 32, 33, 34대 조상의 차례를 지내고, 35대 조상의 차례는 ①과

표 5. 김근식 씨 당내의 명절 제사

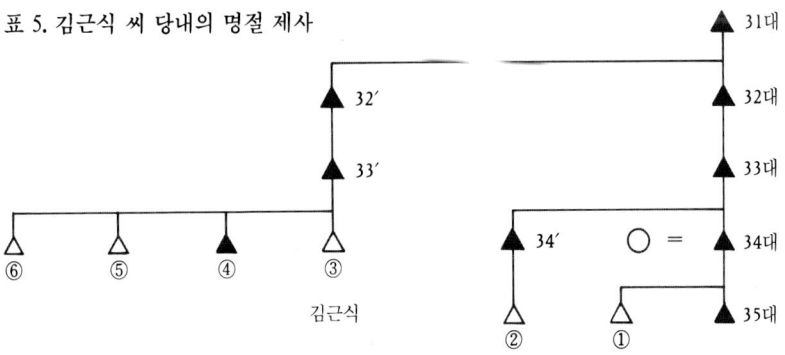

②만 지낸다. 그 뒤 모두 ③의 집에 모여 32', 33'의 차례를 지내고 ④의 차례도 지냈다. ④는 ③의 동생으로 결혼하여 아이까지 있었으나 아이는 죽고, 부인은 다른 곳으로 재가해 버려 ③이 섭섭해서 밥 한 그릇만 놓고 지낸다. 이 집의 제주는 ③이지만 ④의 형이기 때문에 하지 않고 동생인 ⑤가 했다. 그 다음 모두 ②의 집으로 가서 34'의 차례를 드린다. 이것으로 이 당내의 차례는 끝난다.

곧 명절 제사는 8촌 이내의 친족이 가장 항렬이 높은 조상을 모신 자손 집에 가서 그 집에서 모시는 기제사 대상과 기타 조상들을 위하여 차례를 지낸 뒤에 그 다음의 항렬 높은 조상을 모신 친족집에 가서 집단으로 차례를 지낸다. 그리고 친족 가운데 죽은 조상의 나이나 항렬이 낮거나 4대조가 넘으면 차례에 참가하지 않는다.

기제사에 참여하는 친족 집단은 마을 주민들에 따르면 8촌이나 10촌까지라고는 대답하나 실제로 형제는 꼭 참여하고 4촌은 대개 참여하며, 6촌은 참석할 때도 있고 안 할 때도 있다. 그러나 8촌이 참여하는 경우를 거의 보지 못했다. 촌수가 먼 경우에는 제사가 있는 집의 경제적인 면도 참가 여부에 영향을 준다. 곧 부잣집 친척의 제사에는 가난한 집 친척이 더 자주 참여하나 부잣집 친척은 가난한 집의 제사에 덜 참여하는 경향이 있다.

재산 분배와 의례 책임자

기제사와 명절 제사를 위한 음식 준비에는 많은 비용이 든다. 1973년의 경우 잘 차리는 집은 쌀 한 가마의 비용이 들었다. 이런 경제적 부담은 물론 기제사 날짜를 모두 기억했다가 제사 준비를 해야 하는 부담도 있다. 제사 준비는 깨끗이 해야 하며 특정 음식을 준비해야 하고 제사에 참가하는 친족의 뒷바라지도 해야 한다.

기제사 참가는 해당 자손들이지만 구체적으로 의례의 책임은 누가 얼마만큼 지는가? 그리고 왜 어떤 특정인이 그런 책임을 맡는가 하는 질문을 하게 된다.

재산 분배와 의례 책임은 밀접한 관계가 있다. 김두헌 씨는 "실로 가(家) 제사와 재산은 불가분의 관계가 있다"고 피력하였고, 이광규 씨는 "한국에서는 가장권(家長權)의 계승이나 재산의 상속이 모두 제사권의 계승에 2차적으로 수반되는 것이다"라고 했다. 또 여중철 씨는 "산촌과 어촌(민촌)의 경우 재산 상속은 장남 단독 상속이며 제사 상속은 제자(諸子;여러 아들) 분할 상속이다. 또 평야에 있는 농촌에서는 (班村, 民村의 경우) 재산 상속이 장남 우대 불균등 상속 이며, 제사 상속은 적장자 단독 상속"임을 밝히고 있다.

이광규 씨는 제사권이 일차적이고 재산권은 제사권에 부수되는 (곧 제사를 지내기 때문에 장남이 많은 재산을 받는다는) 종속 변수 로 보고 있다. 그러나 필자는 재산권과 제사 책임의 관련에서 제사 책임이 종속 변수임을 주장하고 싶다. 곧 재산을 받으니까 제사의 책임이 따른다고 본다. 좀더 구체적으로 설명하면 재산을 받은 만큼 제사의 책임이 있다는 점이다.

일반적으로 우리나라에서의 재산 상속 양상은 장남 우대 그리고 차남 이하는 균등 상속이라고 볼 수 있다. 따라서 장남은 차남 이하 보다 많은 재산을 받는다. 그러므로 장남은 제례의 의무를 다른 아들보다 더 많이 진다고 볼 수 있다. 곧 우리나라의 아들들은 모두 제례의 책임을 지고 있으나 차별적으로 지고 있다.

제례의 일차적인 책임은 장남이, 차남 이하는 이차적이고 보충적 인 책임을 진다. 이차적인 책임이란 장남과 같은 정도의 책임은 아니지만 우리나라의 아들들은 조상 제례의 책임을 부분적으로 분담한다는 의미이다. 우선 제례에 꼭 참여해야 할 의무가 있으며 참여하지 않으면 사회적 비난을 받는다. 또 제사 준비에서도 장남이 일차적으로 대부분 준비하지만 차남 이하도 술이라든가 제수 일부 를 마련해야 하고 차남 이하의 부인들도 큰집에 가서 제수 마련을 도와야 한다.

보충적인 책임이란 장남이 죽었을 때 차남이 장남의 역할을 대신해야 한다는 것이다. 장남이 자손 없이 죽었으면 장남의 역할을 해야 하고, 장남이 어린 아들을 낳고 죽었을 경우에는 이 어린 아들(조카)이 성장할 때까지 장남의 제사 책임을 대신 진다. 그 뒤 조카가 장성하면 그 임무를 조카에게 전하여야 한다.

우리나라의 경우만 보면 이 재산 분배와 제례 책임과의 상관 관계가 별로 명확해 보이지 않을지 모른다. 중국과 일본의 경우를 비교해 보면서 재산 분배와 제례 책임의 상관 관계를 밝혀 보자.

중국에서는 부모가 살았을 때에는 모든 아들들이 결혼해서 부모와 같이 산다. 부모가 죽으면 장, 차남 구별 없이 모두 똑같이 재산을 분배한다(부모가 죽었으므로 부양 책임이 없기 때문이다). 따라서 조상 숭배의 책임도 장남과 차남이 똑같이 진다. 제수 준비에 드는 비용과 노력 또한 아들들이 균등하게 지불한다. 그리고 만약 둘째 아들이 먼 지역으로 이사를 갔을 경우는 우리나라 같으면 장남이 지내기 때문에 차남은 따로 지낼 필요가 없으나, 중국에서는 이 차남도 따로 위패를 만들어 제사를 지낸다. 그래서 중국의 부모는 아들들이 서로 먼 곳에 있을 경우 서로 다른 곳에서 제사를 받게 된다. 곧 중국의 아들들은 장, 차남 구별 없이 똑같이 제사의 의무를 지닌다.

일본의 재산 상속은 집을 잇는 후계자 단독 상속이다. 곧 자녀 가운데 한 사람만이 후계자로 선정된다. 대개는 장남이지만 반드시 장남만 선정되는 것은 아니다. 장남이 신통치 않을 때는 차남이 후계자가 되기도 하고 사위가 후계자로 지명되기도 한다. 후계자에서 제외된 나머지 아들은 상속을 전혀 받지 못한다. 따라서 제사의 의무도 후계자 단독의 의무로 되어 있다.

대개 차남 이하는 집을 떠나 다른 곳에 정착하거나 다른 집(딸만

있는 집)의 데릴사위로 들어가 그 집의 성(姓)으로 바꾸고 그 집의
대를 잇는 경우가 많다. 그러므로 일본에서는 장남(후계자)이 제사
를 지낼 때 차남 이하는 참석할 의무가 없다. 물론 재정적인 부담을
질 필요는 더욱 없는 것이다. 그리고 장남(후계자)이 유고시에는
우리나라처럼 차남이 자동적으로 대를 잇고 장남의 의무를 대리하
는 의무가 없다. 그 집의 후계자는 따로 구해야 한다.

이와 같이 우리나라, 중국, 일본 세 나라의 조상 숭배 책임자와
재산 분배는 밀접하게 관련되어 있음을 알 수 있다. 곧 재산을 받은
만큼 제사 의무가 있는 것이다.

명절 제사와 기제사의 사회적 기능

시제는 동족 집단(문중원)의 신분 위세를 위한 제례이자 문중원
밖의 향촌 집단에 대한 대외 홍보용 의례라고도 볼 수 있다. 이에
비해 명절 제사와 기제사는 문중원 안의 사회적 결속을 강조하는
의례이다. 같은 동족 문중 집단이라 하더라도 촌락 안에서 같은

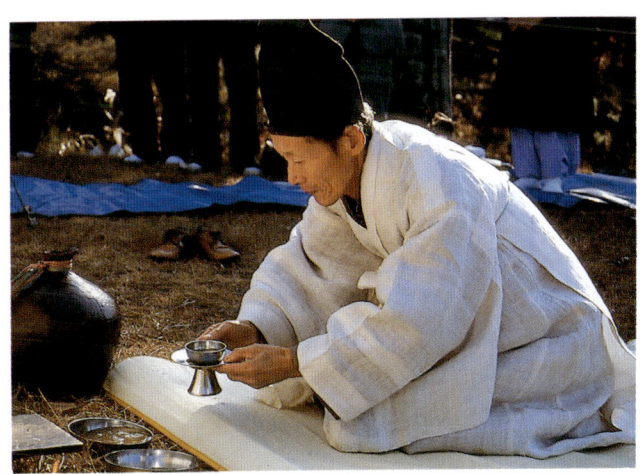

시제 시제란 타동족에 배타
하여 동족의 결속을 강조
한 의례이고 명절 제사는
당내 성원들의 결속을
강조하는 행위다. 풍산
이씨 시제.

성씨들이 모여 살게 되면 모든 문중원들의 인간 관계가 다 같을 수는 없다. 좀더 가까운 문중원이 있는가 하면 또 먼 관계의 문중원도 있게 마련이다. 따라서 명절 제사와 기제사란 특정한 문중원과 맺는 인간 관계의 성격을 규정하는 의례라 하겠다.

고조의 공동 자손인 8촌 이내는 당내에 속하는 성원으로서 서로의 촌수 관계를 정확히 알고 있으므로 비당내원(非堂內員)과 비교해서 '집안간'이라는 의식이 있다. 일상 생활에서도 비당내 친족보다는 당내 친족 사이의 협업이 두드러진다.

기제사는 당내원 사이의 인간 관계의 멀고 가까움을 규정하는 역할을 한다. 부모의 제사란 4촌보다는 형제 사이의 결속을 강조하고, 조부모의 제사는 6촌보다는 4촌이 더 가깝다는 주장을 하는 의례라 할 것이다.

한 예로 모내기할 때에 인력의 협동이 필요한데 이때 4촌보다는 형제의 것을, 6촌보다는 4촌의 것을 먼저 도와 주어야 한다는 인간 관계를 강조하는 것이 제례를 통하여 규정된다는 말이다. 내아리의 경우 형제끼리는 농사도 서로 지어 주고 초대가 없이도 서로의 집에 가서 음식을 먹곤 한다. 곧 김영식 씨는 몸이 약한 형인 김근식 씨의 농사를 지어 주었고 김성식 씨는 소를 기르는 동생 김면식 씨의 농사를 같이 지어 준다. 그러나 4촌 사이만 되어도 이런 친숙도는 떨어진다. 이광규 씨의 친족간의 왕래 조사에 의하면 동세대 사이의 왕래가 형제간이 17회, 4촌간이 16회, 6촌간이 8회 등으로 나타나고 있다.

따라서 시제란 타동족에 배타하여 동족의 결속을 강조한 의례이고, 명절 제사란 동족 안에서 "집안"에 해당하는 당내 성원들의 결속을 타당내원(他堂內員)과 구별하여 강조하는 행위이다. 기제사란 같은 당내 성원 사이에도 8촌보다는 6촌을, 6촌보다 4촌을, 4촌보다는 형제 사이의 결속을 강조하는 행위이다.

시조 시향제

우리나라 사람들은 동성 동본이면 한 조상의 공동 자손으로 여긴다. 따라서 한 조상의 피를 이어받은 자손이라는 개념 때문에 동성 동본 사이의 결혼은 법으로 금하고 있다.

시조(始祖)란 성씨(姓氏)를 처음으로 시작한 사람이다. 유명한 성씨인 경우는 시조에 대한 이야기가 있는데 처음 성씨가 어떻게 생겨났는가 하는 연유에 대한 설명이다. 그 가운데는 사실에 가까운 것도 있고 그렇지 않은 이야기도 있다.

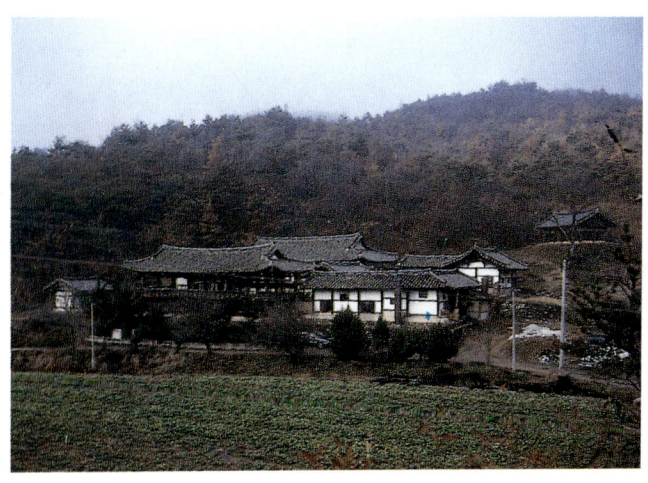

능동재사(陵洞齋舍) 권행의 묘는 안동군 서후면 능골에 있는데 1년에 두 번 묘 앞에서 제례를 지낸다. 봄에는 한식날, 가을에는 음력 10월 둘째 정일(丁日) 곧 10월 중정(中丁)에 묘사를 지낸다. 권행의 묘가 있는 능골 옆에는 큰 재각이 있는데 이 재각의 이름이 능동재사이다. 이 재각은 평상시에는 묘지기만 거주하지만 권행의 춘향제와 추향제 때는 전국에서 온 권씨 자손들이 묵는 장소가 된다.

시조를 위한 제례의 한 예로 안동 권씨(安東權氏, 始祖 太師公) 집안의 경우를 살펴보자. 안동 권씨의 시조는 김행(金幸)인데 신라 말기부터 고려 초까지 산 인물이다. 고려 개국 때 공을 세워 왕건(王建)이 '권씨' 성을 사성하였다고 한다. 지금의 모든 권씨들은 예천 권씨를 제외하고는 모두 이 권행의 자손이라고 믿고 있다.

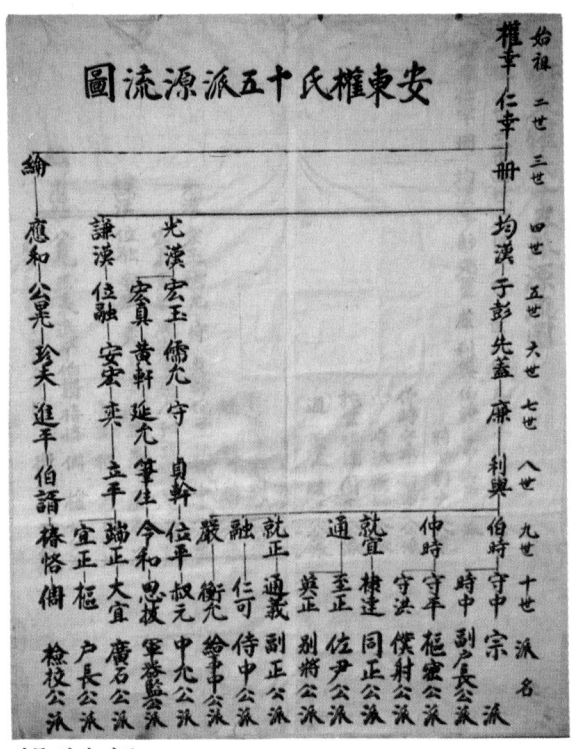

안동 권씨 파보

권행의 묘는 안동군 서후면 능골에 있는데 1년에 두 번 묘 앞에서 제례를 지낸다. 봄에는 한식날, 가을에는 음력 10월 둘째 정일(丁日) 곧 10월 중정(中丁)에 묘사를 지낸다.

또 권행의 신위는 안동시의 삼태사(三太師) 사당에 안치되어 있으며 여기서도 1년에 두 번 제사를 지낸다. 이 사당에는 권태사 이외에 장태사, 김태사의 신위가 같이 모셔져 있는데 권씨, 장씨, 김씨 자손들이 공동으로 제사를 지낸다.

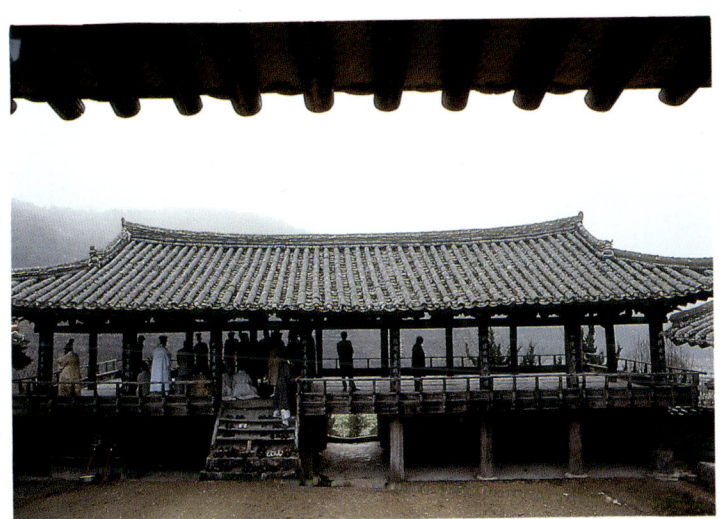

추원루(追遠樓) 능동재사에 있는 먼 조상을 추모한다는 뜻의 누각이다.

권행의 묘가 있는 능골 옆에는 능동재사(陵洞齋舍)라는 큰 재각(齋閣)이 있다. 이 재각은 평상시에는 재지기만 거주하지만 권행의 춘향제(春享祭)와 추향제(秋享祭) 때는 전국에서 온 권씨 자손들이 묵는 장소가 된다.

43쪽 사진

1989년 10월 추향제(양력 1989년 11월 13일) 때에는 전국 각지에서 70여 명의 권씨 자손들이 참석하였다.

이들은 대개 60세 이상의 노인들인데 강릉, 이천, 공주, 산청 등 전국에서 행사 하루 전에 도착해 이 재각에서 하룻밤을 묵고 이튿날 제사에 참여한다.

이 제사를 총지휘하는 사람을 '도유사(都有司)' 또는 '제사장'이라고 한다. 88세의 고령인 권영도 씨가 지난 한식 묘제 때 1989년 추향제의 도유사로 임명되었다. 따라서 권 할아버지는 지난 6개월 동안 조상 받드는 정갈한 몸가짐을 위해 온갖 정성을 다해 왔다. 제사장은 묘사 하루 전날 도착하여 수임실(首任室)이라는 특별히 마련된 방에 거처하면서 제사 준비를 한다.

47쪽 위 사진 도유사의 자격 요건은 70세 이상이어야 하고, 학식과 덕망이 있는 자손 가운데에서 선정된다. 도유사로 선정된다는 것은 본인뿐만 아니라 그 집안의 큰 영예이다. 권영도 씨가 워낙 고령이어서 60세가 넘은 그분의 아들이 아버님을 모시고 왔다.

이 분은 아버님의 방이 뜨뜻한 지, 잡숫는 것이 만족한 지를 살펴보고, 부축도 해 드리는 등 정성을 다 했다. 이 아드님의 말씀이 아버님께서 연로하시고 쇠약하신데 이런 막중한 책임을 맡으셔서 한달 전부터 보약을 지어 달여서 잡수시게 하여 모시고 나왔다고 한다. 또 어떻게 봉양을 하여서라도 아버님이 100세 장수하시도록 하는 것이 소원이라고 하였다. 아들의 극진한 보살핌 때문인지 연로하신 권영도 제사장은 편안한 모습이었다.

도유사 이외에 6명의 재유사(齋有司)가 있는데 이들이 제사를 책임지고 운영하는 임원이다. 이들은 서울, 부산, 대구, 안동 등 전국 각지에서 대표되는 사람들이 모인 가운데서 임명되었다. 재유사도 한식날에 선출되어 6개월 동안 제사 준비를 하는데 나이는 60세 이전이어야 한다.

도유사 이 제사를 총지휘하는 제사장으로서 권씨 자손 가운데 학식과 덕망이 있는 분이 선정된다. 올해(1989)는 88세의 권영도 할아버님이 도유사이시다. 연로하시고 쇠약하신데 이런 막중한 책임을 맡으셔서 한달 전부터 보약을 지어 달여서 잡수시게 하였다는 수행 온 아드님의 말씀이다.(위)

권씨 자손들 시조(始祖)의 제사에 참여하기 위하여 전국 각지에서 온 자손들은 하루전 날 도착하여 재각에서 하룻밤을 지내고 아침 일찍 일어나 재지기가 가져온 아침상을 받고 있다.(아래)

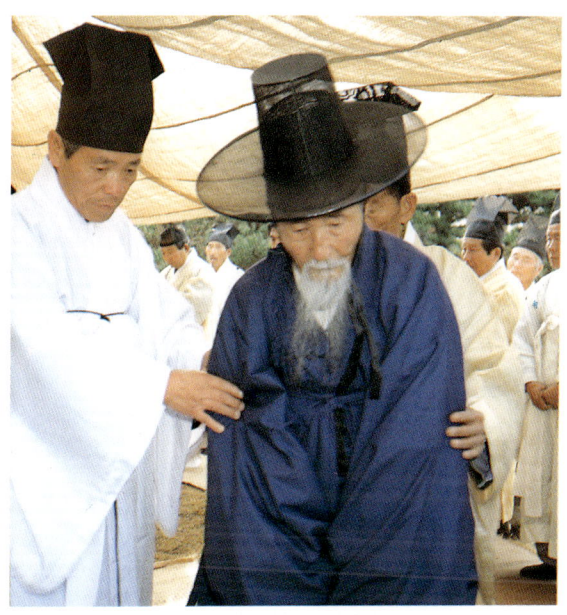

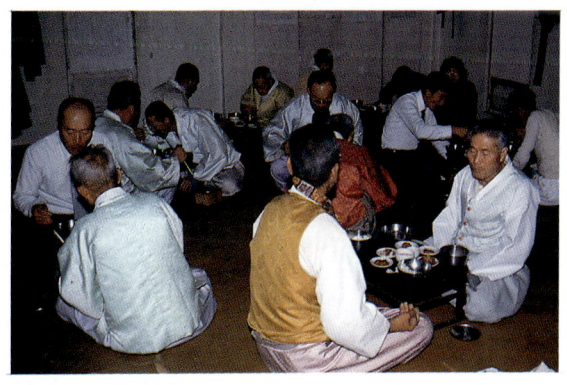

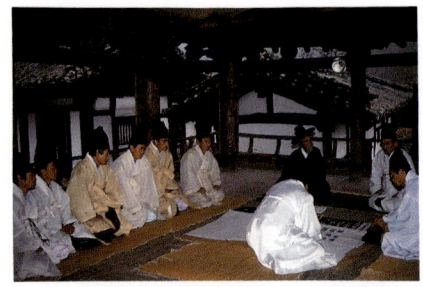

시제 당일 아침 제사에 참석하는 이들은 아침 식사가 끝나면 모두 제복으로 갈아 입고 제사 지낼 준비를 한다. 아침 식사 뒤 제관을 결정한다. 이것을 분정이라 한다. 분정이란 제사 임무를 나누어 갖는다는 뜻이다.

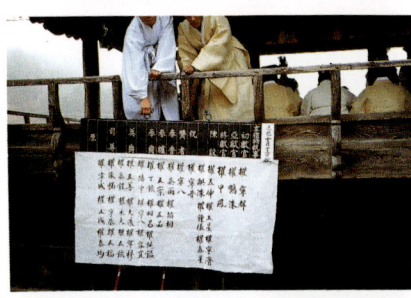

각자의 할 일이 정해지면 도유사의 승락을 얻은 뒤 분정표를 적어 누각 난간에 걸어 놓는다.

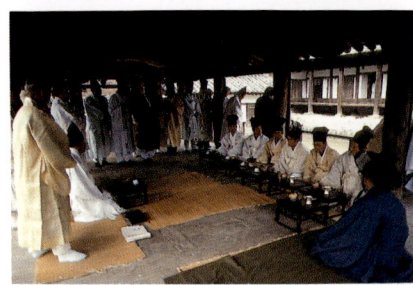

분정을 끝낸 임원에게 음식 대접을 한다.

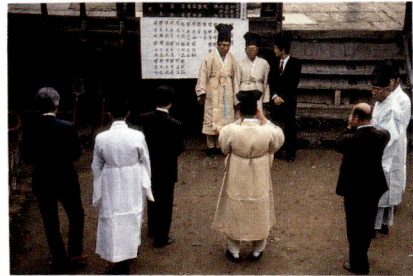

모든 참석자들은 분정표에 자기 이름이 적혀 있으면 그 맡은 임무를 수행하고 이름이 없으면 제례 절차에 따라 참여한다. 여기에서 제관의 임무에 선정되는 것을 '큰 벼슬'한 것처럼 영광으로 생각한다.

이 밖에 42명으로 구성된 종무 위원회가 있는데 이들은 안동 권씨 대종회 업무를 관장하는 조직이다. 종무 위원의 임기는 3년이며 총회에서 선출한다. 임무는 도유사와 재유사 그리고 묘사의 제관을 선정하는 일이다.

제사 비용은 권행에 딸린 40여 마지기의 위토에서 나오는 수입으로 충당한다. 재지기가 위토를 경작하고 그 대가로 묘소 돌보기와 제수 마련의 책임을 지며 묘사에 참가한 자손을 위한 접대도 한다. 이 밖에 자손들이 조상 제수 마련에 보태 쓰라고 직접 또는 인편으로 보내는 돈이 약 100만원 정도는 된다고 한다.

그리고 종무 위원회는 묘사에 앞서 비용 문제를 상의하여 결정하는데 1989년의 경우는 60만원이었다. 요즘은 생활 수준이 높아져서 옛날처럼 참가자들이 음식을 많이 먹지 않아 음식이 항상 남는다고 한다.

참석자들의 말에 따르면 올 시제에는 추수가 덜 끝나서 예년에 비해 참석자가 아주 적은 편이라고 했다. 시제보다 먼저 추수가 끝나는 해에는 적어도 150여 명에서 많게는 200명까지 참여하지만 시제에 대한 의식이 점점 엷어진 때문인지 참석자들이 해마다 줄어들어 걱정이라고 한다.

대부분의 자손들은 전날 도착하여 재각(齋閣)에 마련된 방에서 47쪽 아래 사진 하루를 보낸다. 재각의 각 방에는 수임실(제사장이 유하는 방), 재유사실, 별유사실, 전임실(과거에 임원을 지냈던 사람들이 묵는 방) 등의 표시가 있다. 제례 참가자들은 각기 자기의 방에서 묵고 나머지 자손들은 큰 방에서 지낸다.

아침 식사가 끝나면 모두 제복으로 갈아 입고 제사 지낼 준비를 50쪽 사진 한다. 대부분 두루마기에 건을 쓰고 행전(行纏;바지나 고의를 입을 때 정강이에 꿰어 무릎 아래에 매는 물건)을 친다. 그리고 초헌관(初獻官), 아헌관(亞獻官), 종헌관(終獻官)과 집례관(執禮官)은 청도포를 입는다.

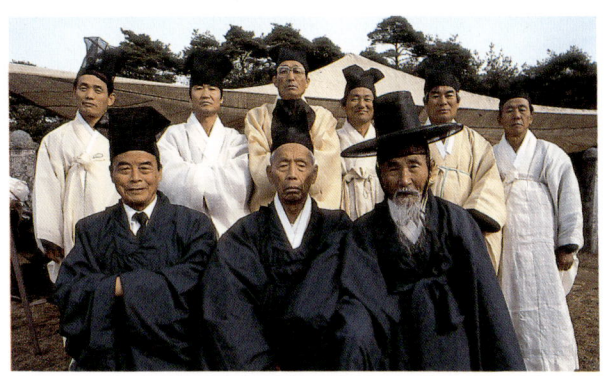

제관 대부분 두루마기에 건을 쓰고 행전을 친다. 초헌관, 아헌관, 종헌관과 집례관은 청도포를 입는다.

포를 입는다.

48쪽 사진 한편 집행부에서는 아침 식사 뒤 도유사를 비롯한 제유사가 누각에 앉아 종무 위원회에서 결정한 올해 제사의 제관들을 결정하는 분정(分定)을 한다. 분정이란 제사 임무를 나누어 갖는다는 뜻이다. 곧 초헌에는 도유사인 권○○, 아헌에는 권□□, 향을 받는 사람에는 권△△ 등등을 결정하여 도유사의 승락을 얻은 뒤 분정표를 적어 누각 난간에 걸어 놓는다.

모든 참석자들은 분정표에 자기 이름이 적혀 있으면 그 맡은 임무를 수행하고 이름이 없으면 제례 절차에 따라 참여하면 된다. 여기에서 제관의 임무에 선정되는 것을 '큰 벼슬'을 한 것처럼 영광으로 생각한다. 따라서 과거에는 제관으로 뽑히기 위한 경쟁도 치열하였다고 하는데 요즘은 그 위세가 현저하게 약화된 셈이다.

51쪽 사진 분정표가 발표된 뒤 모든 제관과 참석한 자손들은 재각을 나와
52, 53쪽 사진 재각 앞에서부터 일렬 종대로 선다. 그러면 재지기가 지게에 제수를 지고(또는 머리에 이고) 산소를 향하여 가는데 제수가 지나갈 때마다 모든 제관이 안경을 벗고 '국궁'이라는 호령에 따라 두 손을 모으고 정중히 절을 한다. 곧 조상이 드실 음식에 대한 예를 표한다.

54, 55쪽 사진 제수 뒤를 따라 모든 자손들이 묘소를 향해 가는데, 묘소는 천천

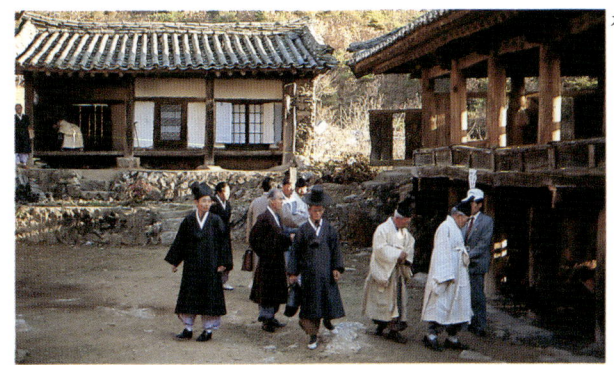

재각을 나가는 제관들 분정표가
발표된 뒤 모든 제관과 참석한
자손들은 재각을 나와 재각
앞에서부터 일렬 횡대로 서게
된다.

히 걸어서 5분 거리에 있다. 묘소에 도착하면 제수 진설(陳設)의   56, 57쪽 사진
책임을 맡은 제관은 제수를 받아 제사상에 진설한다.

　진설이 끝나면 모든 제관들은 홀기(笏記;의식의 순서를 적은   58쪽 사진
글)에 따라 의례를 치른다. 제례 절차는 다른 제례와 거의 비슷하나
제수를 날것으로 쓴다는 점만 다르다. 날것을 쓰는 것에 관한 특별
한 설명은 없다. 다만 시조 시향제와 불천위 제사는 보통 사람보다
는 격이 높은 사람이기 때문이라고 한다.

　시조에 대한 제례가 끝나면 간단한 제수 몇 가지를 가지고 묘   62, 63쪽 사진
옆으로 가서 초헌관이 산신제를 지낸다. 보통은 산신제를 먼저 지낸
뒤 제사를 지내는데 권행 같은 훌륭한 분을 위한 제사는 '큰 제사'
로 여겨 제사를 먼저 지낸 뒤 산신제를 나중에 지낸다고 한다.

　제사가 끝나고 모든 자손들이 하산하면 도유사와 재유사들은
다시 누각에 모여 내년 한식 제사 때 임무를 맡을 재유사를 선정하
는 모임을 갖는다. 물론 종무 위원회에서 이미 선정했지만 도유사와   64쪽 사진
재유사에게 허락을 받는 의식이다. 이것을 '망기(望記)받는다'고
한다. 초헌, 아헌, 종헌 그리고 6명의 제유사 등 9명을 선정한다.
이 망기를 받은 자손들은 그날부터 조상 모실 마음 준비에 온갖
정성을 쏟는다.

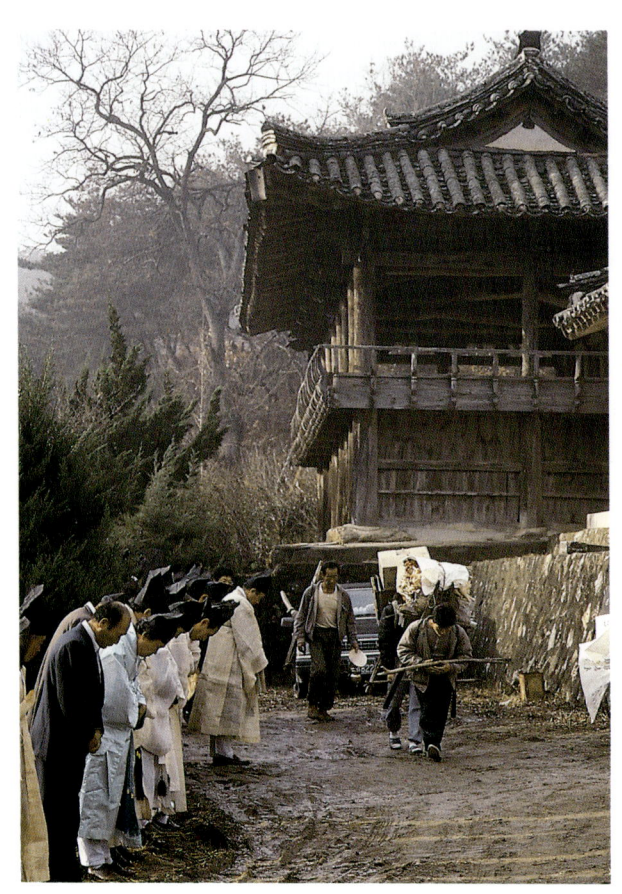

국궁 분정표가 발표된 뒤 모든 제관과 참석한 자손들은 재각을 나와 재각 앞에서부터 일렬 횡대로 선다. 그러면 재지기가 지게에 제수를 지고 산소를 향하여 간다. 제수가 지나갈 때마다 모든 제관이 안경을 벗고 '국궁'이라는 호령에 따라 두 손을 앞에 모으고 정중히 절을 한다. 국궁은 조상이 드실 음식에 대한 예를 표시하는 것이다. (위, 오른쪽 위, 아래)

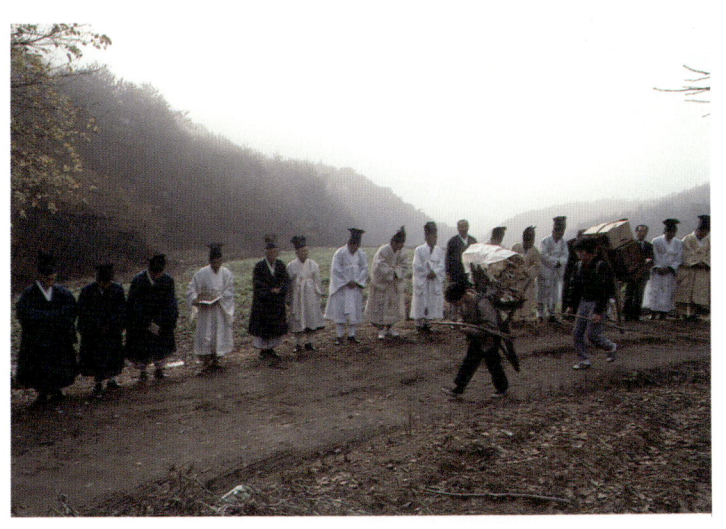

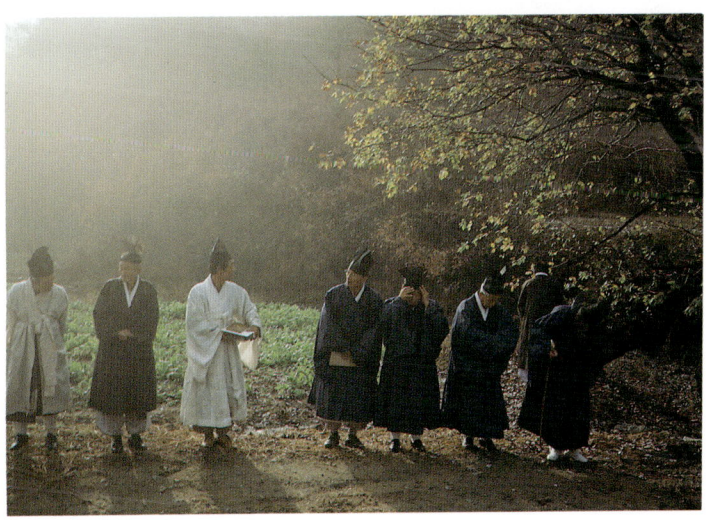

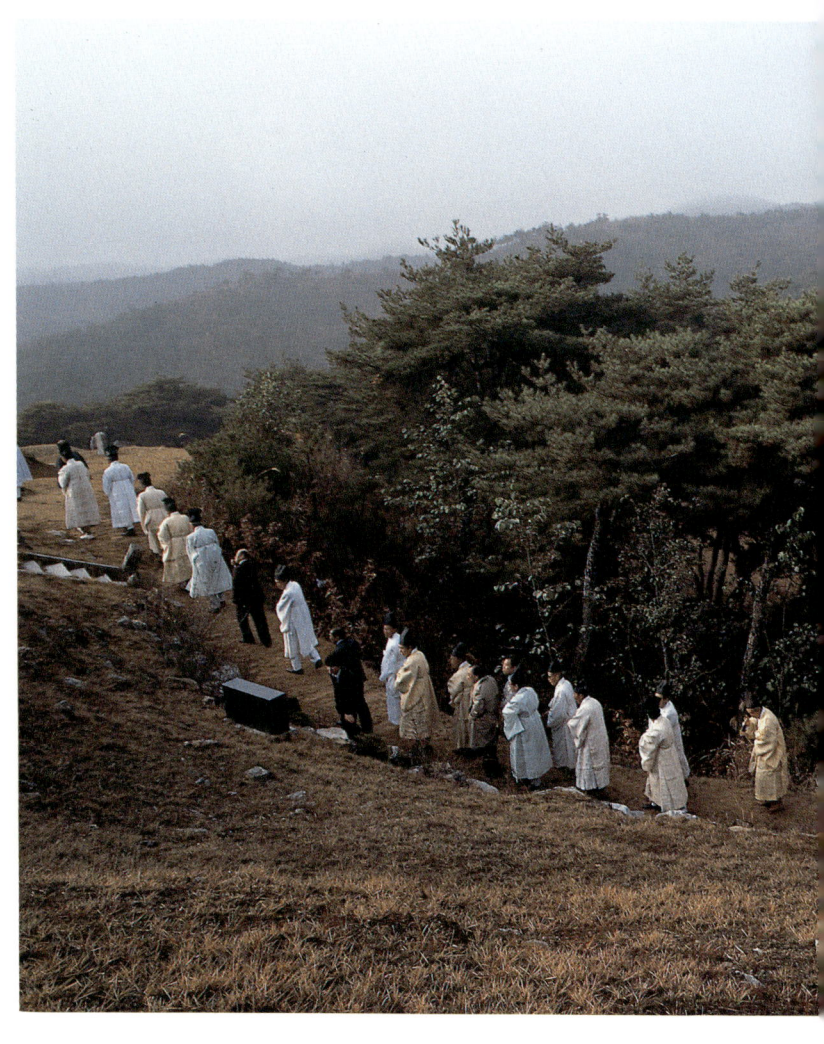

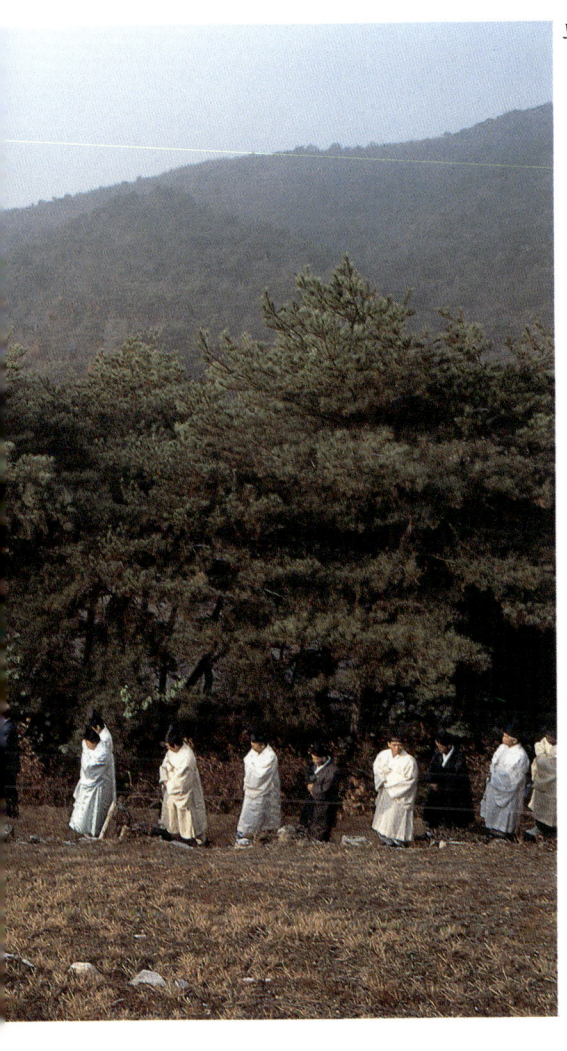

묘소로 향함　제수 뒤를 따라 모든 자손들이 묘소
를 향해 가는데 묘소는 천천히 걸어서 5분 거리
에 있다. 이 묘 앞에서 제례를 지내게 된다.

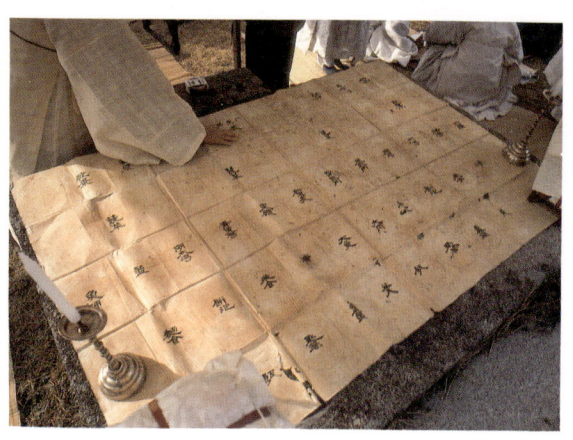

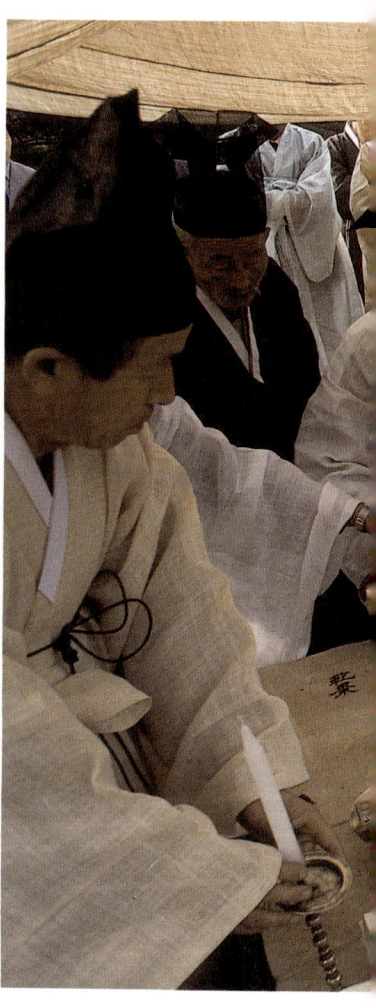

진설(陳設) 묘소에 도착하면 제수 진설의 책임을 맡은 제관은 재지기가 운반해 온 제수를 받아 제사상에 진설한다. 제수는 날것을 쓴다. 이는 기제사나 다른 제사에 비해 시조 시향제와 불천위 제사는 보통 사람보다 격이 높은 사람이기 때문이라고 한다.(위, 오른쪽)

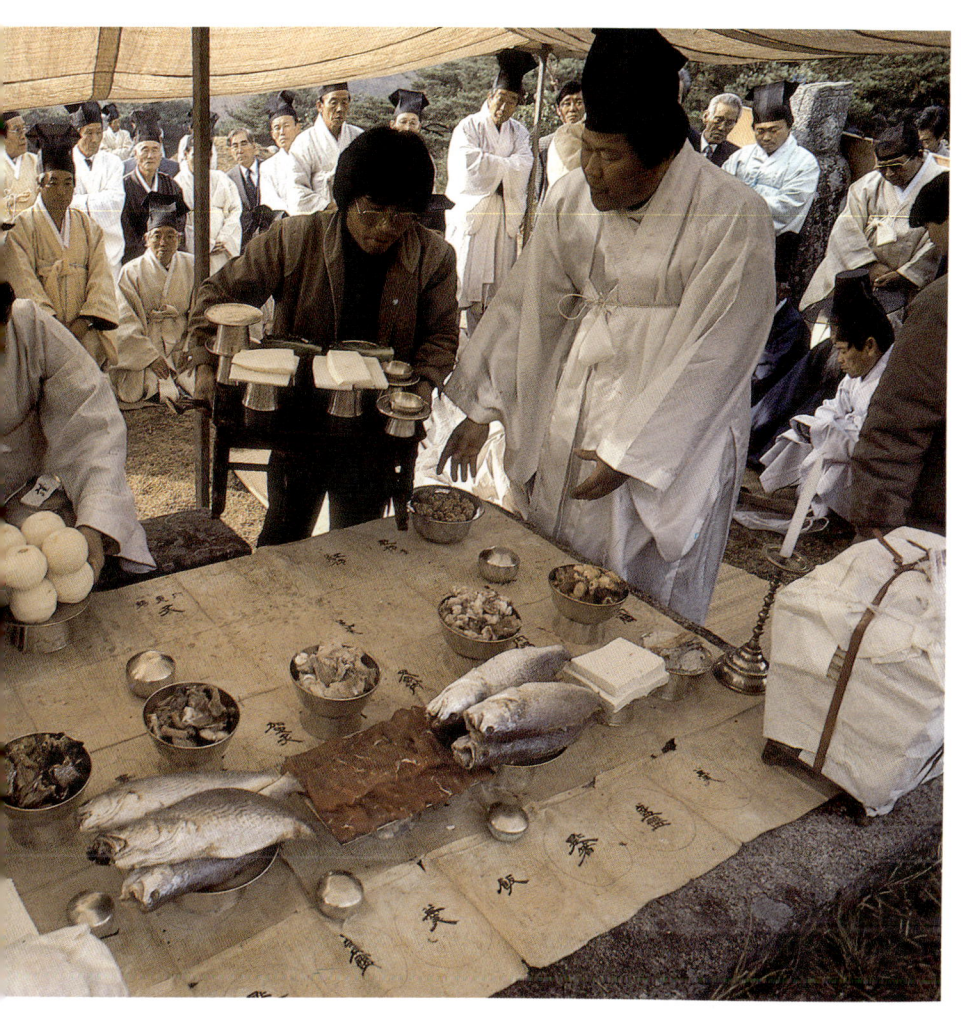

홀기(笏記) 진설이 끝나면 모든 제관들은 의식의 순서를 적은 글인 홀기에 따라 의례를 치른다. 제례 절차는 다른 제례와 거의 비슷하다.

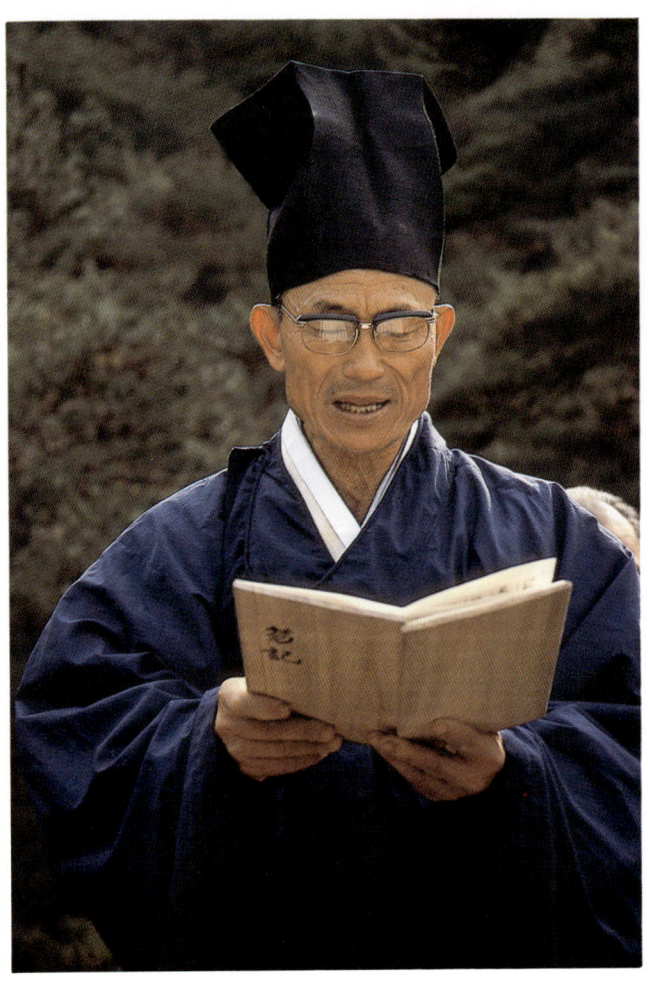

의례의 시작 이 제사를 총지휘하는 사람을 도유사 또는 제사장이라고 한다. 초헌관이 의례 준비를 한다.

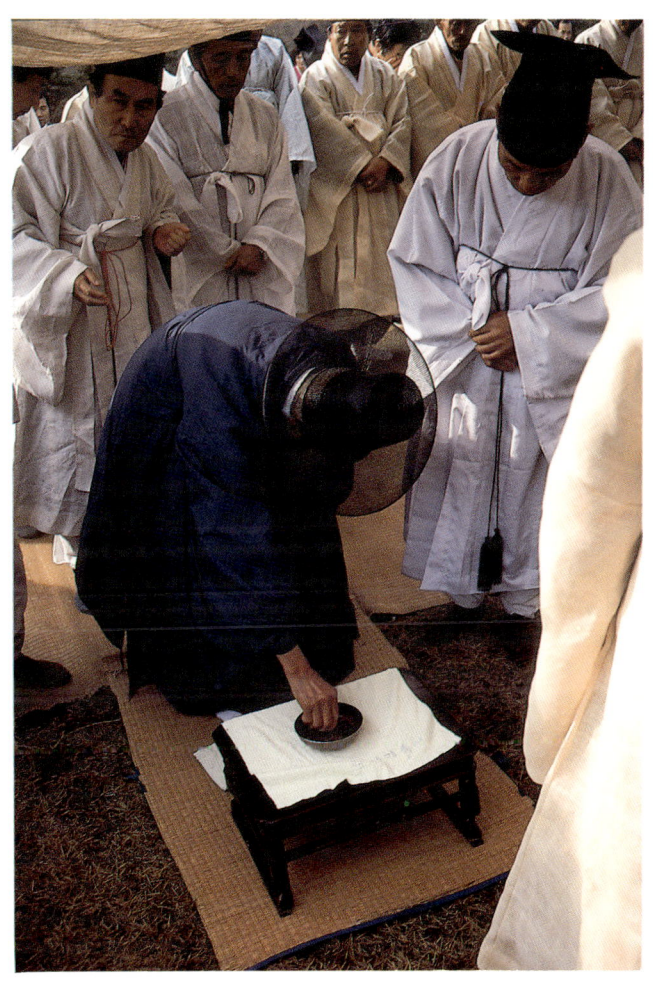

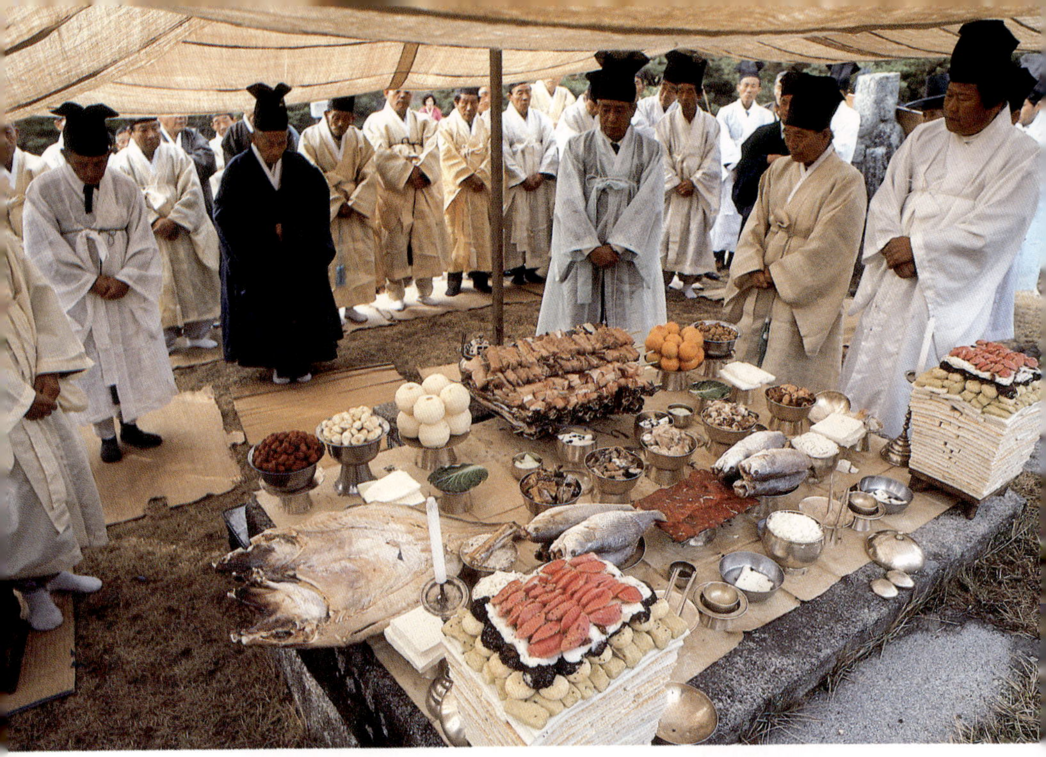

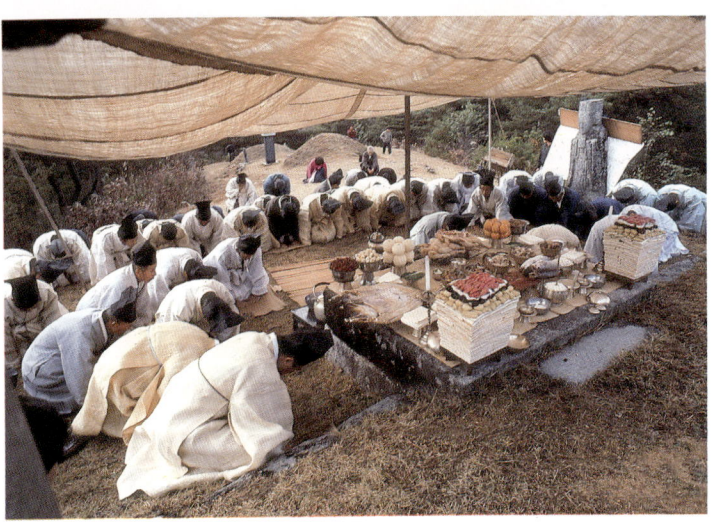

60 조상 제례의 종류

참신(參神) 제주와 제관들은 두 번 절한다. 조상에게 인사하는 의례이다.(왼쪽 위)

독축(讀祝) 축문을 읽는 동안 모든 참가자는 꿇어 엎드린다.(왼쪽 아래)

분축(焚祝) 제례를 끝내면서 축문을 불사른다. 분축 뒤에 상을 치운다.(아래)

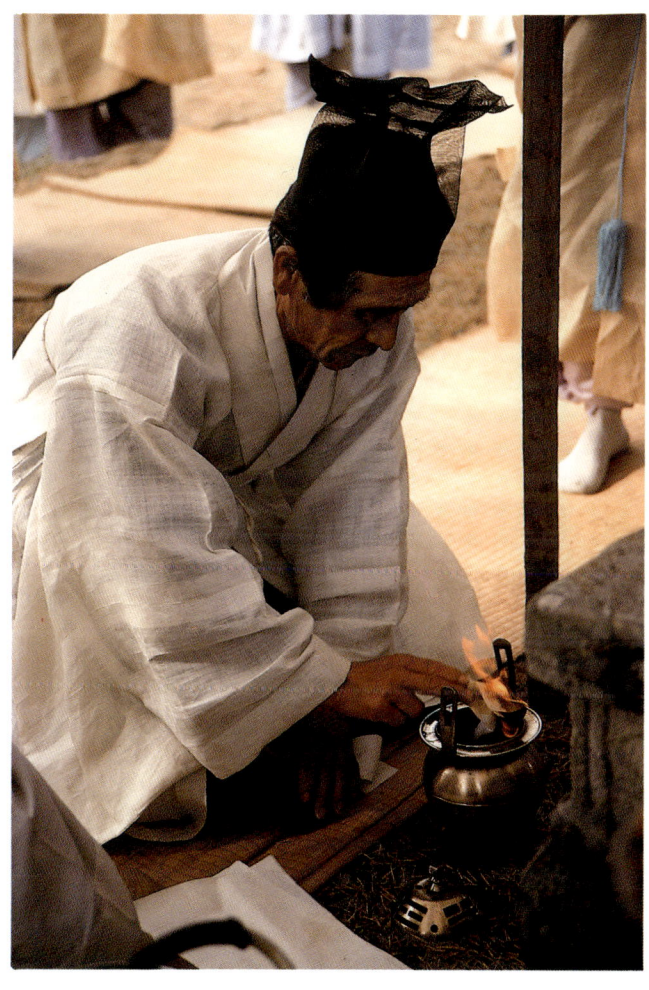

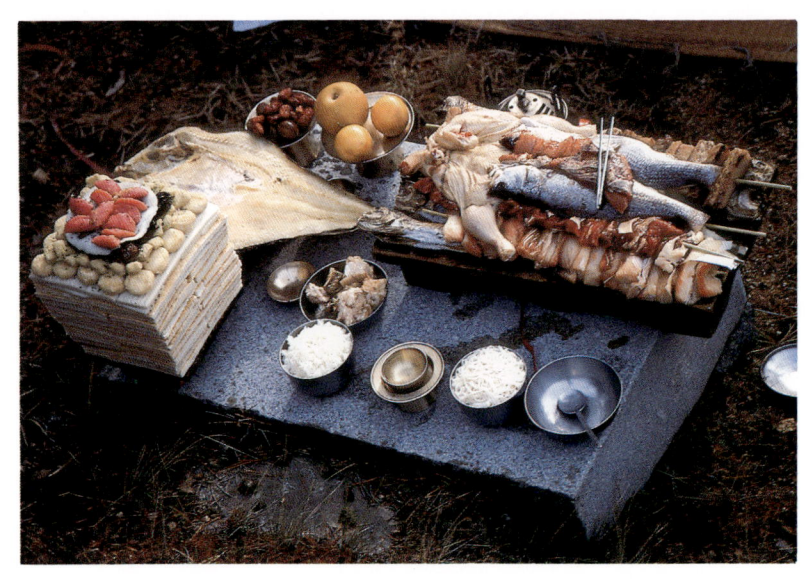

산신제 시조에 대한 제례가 끝나면 간단한 제수 몇 가지를 가지고 묘 옆으로
가서 산신제를 지낸다. 보통은 산신제를 먼저 지낸 뒤 제사를 지내는데 권행
같은 훌륭한 분을 위한 제사는 '큰 제사'로 여겨 제사를 먼저 지낸 뒤 산신제
를 나중에 지낸다고 한다.(위, 오른쪽)

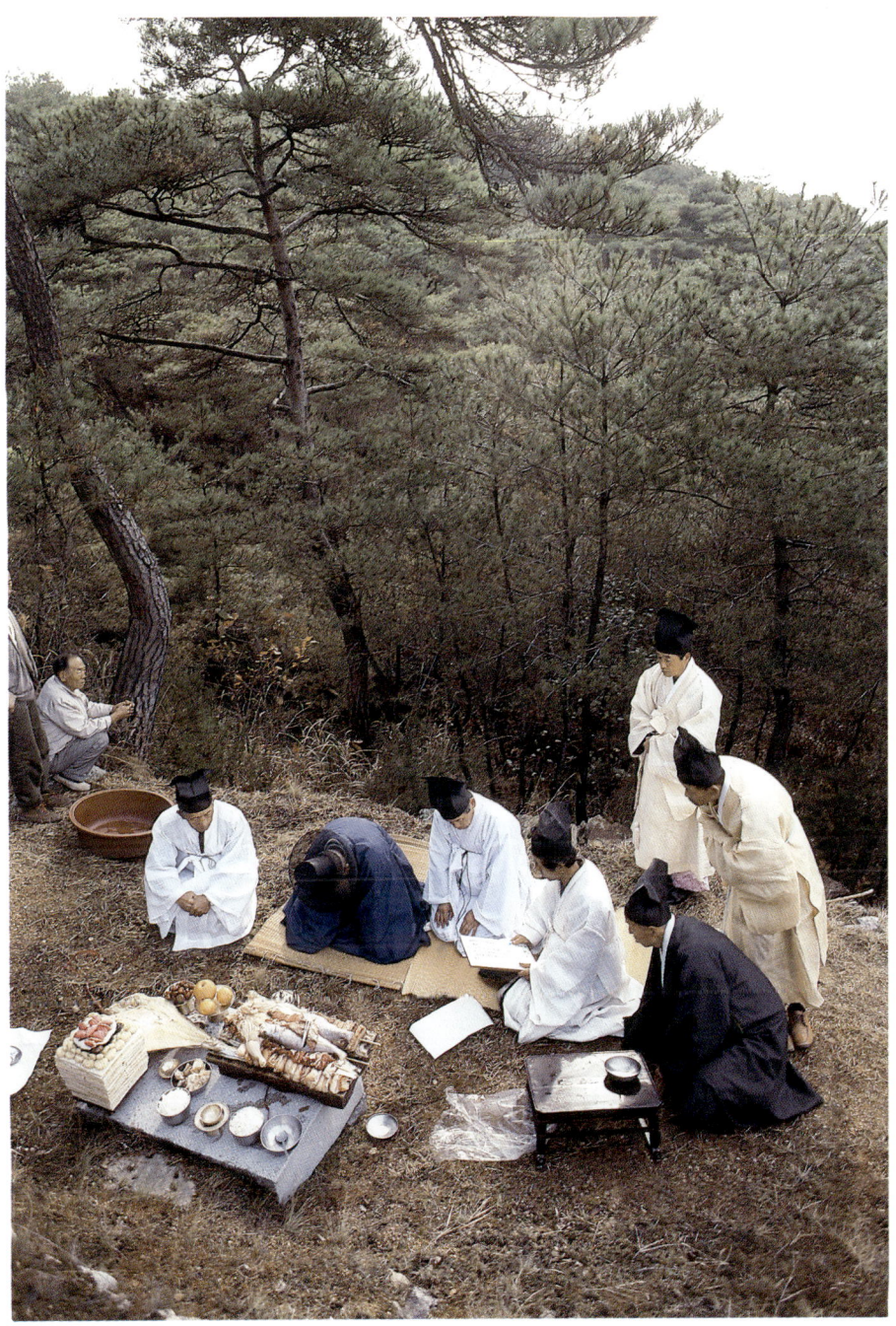

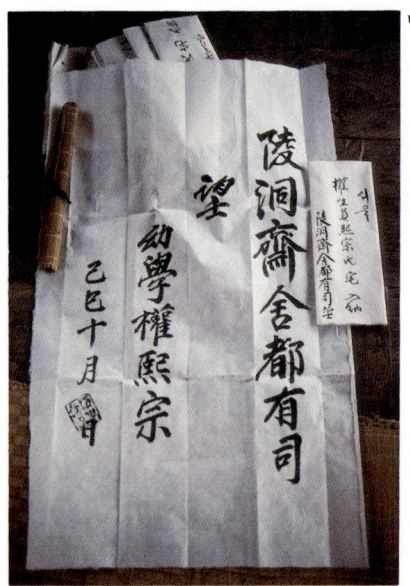

망기(望記)받기 제사가 끝나고 모든 자손들이 하산하면 제관들은 다시 누각에 모여 내년 한식 제사 때 임무를 맡을 제관들을 선정하는 모임을 갖는다. 이것을 망기라고 한다. 초헌, 아헌, 종헌 그리고 6명의 재유사 등 9명을 선정한다. 이 망기를 받은 자손들은 그날부터 조상 모실 마음 가짐에 온갖 정성을 쏟는다.(위, 아래)

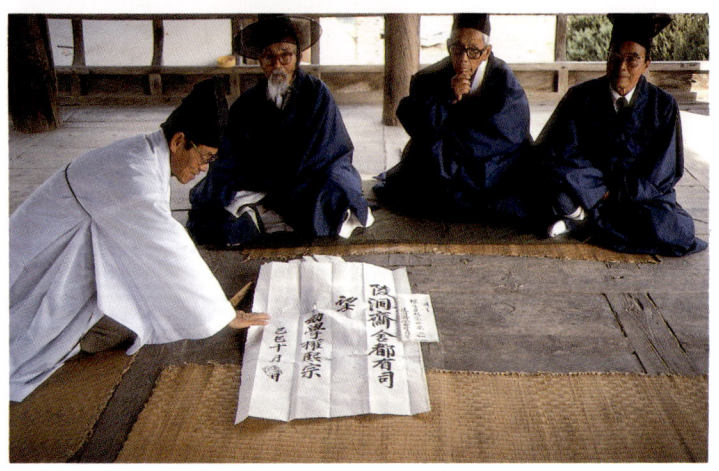

망기가 끝나면 12시쯤 되는데 그 동안 재지기와 식구들은 모든 제수를 여러 상에다 나누어 담아 놓고 또 조금씩 따로 싸서 놓는다. 제례에 참여했던 모든 자손은 누에 올라가서 재지기가 갖다 놓은 상을 받아 음복례(飮福禮)를 한다. 음복례가 끝난 뒤 자손들은 집에 갈 채비를 한다. 갈 때는 재지기가 따로 싸 놓은 제수에 쓰인 음식을 준다. 연로하여 제사에 참여하지 못한 집안 어른께 갖다 드리라는 뜻이다. 이것을 봉게(奉揭)라고 한다. 음식들이 날것이기 때문에 집에 돌아가서는 꼭 익혀 먹는다.

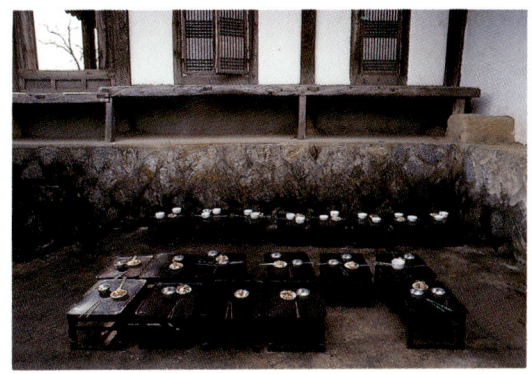 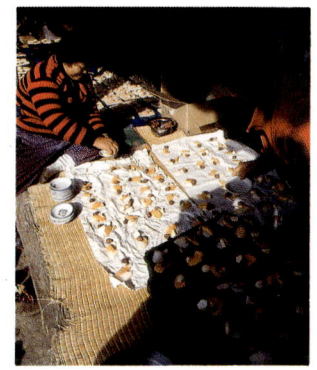

음복례 상 망기가 끝나면 12시쯤 되는데 그동안 재지기는 모든 제수를 여러 상에다 나누어 담아 놓는다.(왼쪽)

봉게 음복례가 끝나고 자손들이 집에 갈 때 제수에 쓰인 음식을 조금씩 싸서 준다. 이것을 봉게라고 한다.(오른쪽)

불천위(不遷位) 제사

불천위 제사란 국가에 큰 공을 세웠거나 학덕이 높아서, 그 신위를 영구히 사당에 모시라고 나라에서 허락한 조상의 제사를 일컫는다. 불천위를 가진 집안은 그 조상의 유명함을 매우 자랑스럽게 생각한다.

현재의 종손으로부터 4대조 이상이 되는 조상은 기제사 대상에서 제외되어 묘제 대상이 되는데, 이 불천위에 해당하는 조상과 그 배우자는 예외로 영구히 매년 기일에 제사를 받는다.

하회 마을 경북 안동군 풍천면 하회동에는 풍산 류씨의 씨족 마을이 있다. 이 하회동의 입향조는 시조로부터 8대손에 해당하는 사람으로 고려 공민왕 때 입향했다고 전해진다.

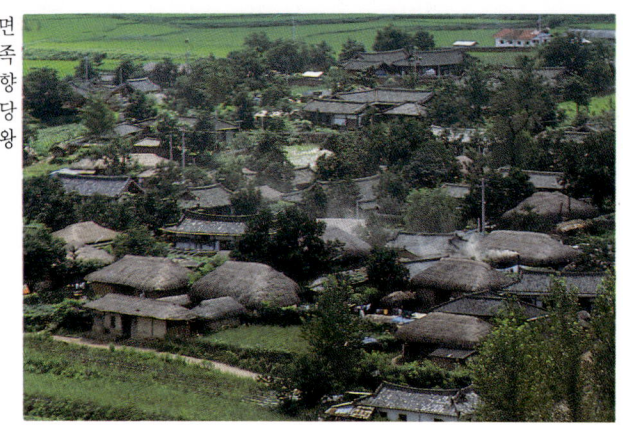

경북 안동군 풍천면 하회동에는 풍산 류씨(豊山柳氏)의 씨족 마을이 있다. 이 하회동의 입향조(入鄕祖)는 시조로부터 8대손에 해당하는 사람으로 고려 공민왕 때 이 마을에 입향했다고 전해진다. 이 하회동의 류씨는 현재 겸암파(謙菴派)와 서애파(西厓派)로 크게 두 파로 나누어져 있다. 시조로부터 14대손(입향조로부터는 6대

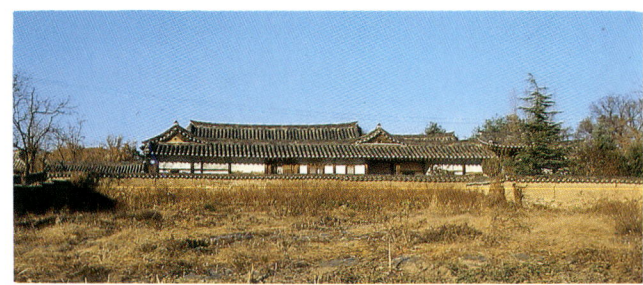

겸암 종가 하회동의 류씨는 현재 겸암파와 서애파로 나뉘어 있다.

손)인 겸암 류운룡(柳雲龍)과 서애 류성룡(柳成龍) 형제가 각기 파를 형성하여 오늘에 이르고 있다.

겸암과 서애는 국가로부터 문경공(文敬公), 문충공(文忠公)이라는 시호(諡號)도 받았다. 또 이 두 사람의 부친인 감사공(監司公) 류중영(柳仲郢)과 함께 불천위를 받아 이 마을에는 불천위가 셋이나 된다. 불천위에는 유림(儒林)에서 받는 것과 국가에서 받는 두 가지가 있는데 이 세 불천위는 국가에서 하사한 국불천위(國不遷位)라 하여 그 명예가 더욱 빛나는 것으로 생각한다.

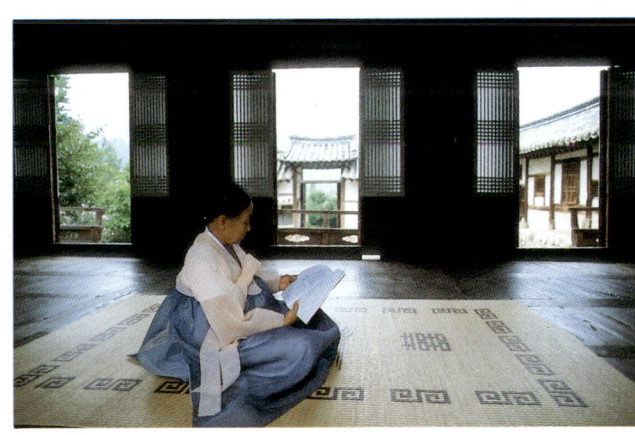

양진당 안동 하회 풍산 류씨 겸암파 종가인 양진당이다. 양진당은 77칸의 넓은 저택이다. 겸암의 15대 종부 김씨 할머니가 종가를 지키고 계셨다.

하회의 풍산 류씨의 현재 대종손(大宗孫)은 시조로부터 30대손이며 겸암으로부터는 16대손이다. 이 분은 현재 39세인데 울산에 67쪽 아래 사진 거주하고 있다. 이 겸암의 대종댁이 양진당(養眞堂)인데 75세 되신 종손의 어머니가 종가를 지키고 산다. 18세 때 경북 선산 들성 김씨 집에서 시집왔는데 10여 년 전에 영감님과 사별하고 큰 집을 혼자서 지키고 있다. 며느리는 38세로 퇴계 집안인 진성 이씨로 아들과 함께 울산에 거주하고 있다.

현재 겸암 종가집에는 불천위 두 분 내외를 모시고 있다. "입암(立岩)할배" "감사 할배"라고 자손들이 부르는 황해감사를 지낸 겸암 선생의 부친이 되는 분과 겸암 류운룡 내외의 제사이다. 따라서 1년에 4번 불천위 제사가 있다.

불천위 제사의 비용은 조상에 딸린 위토에서 충당된다. 감사공 류중영의 불천위 위토는 안동군 남면 금계동(金溪洞)에 50두락의 전답이 있다. 겸암의 위토는 20두락, 서애의 위토도 20두락인데 풍산면 수동에 있다.

1989년 9월 22일(수) 새벽 1시에 "입암 할매"(감사공의 부인)의 불천위 제사가 거행되었다. 불천위 제사는 큰 제사이기 때문에 다른 제사보다는 음식을 더 많이 준비한다. 아침부터 10여 명이 69쪽 사진 제수 준비에 동원되어 떡도 하고 전도 부친다. 떡은 보통 제사의 2배인 10되를 하는데 요즘은 일하는 사람을 구하기가 쉽지 않아 상당히 애를 먹는다고 한다. 특히 밤일을 해 줄 사람이 없어서 상전처럼 대해 주면서 일을 시켜야 한다고 종부 할머니는 말한다. 큰 집을 지키기도 힘들고 큰일(제사)을 치를 사람도 없어 무척 힘든 형편인데 다른 종가에서도 겪는 보편적인 추세이다.

제사 지내는 시간은 새벽 1시이다. 자정에 닭이 우는데 닭이 울면 잡귀가 흩어지고(없어지고) 옳은 혼령(진짜 혼령)이 오신다는 믿음 때문이라고 설명해 주었다.

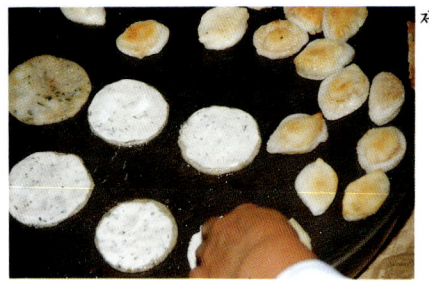

제수 준비 불천위 제사는 큰 제사이기 때문에 다른 제사보다는 음식을 더 많이 준비한다. 아침부터 10여 명이 제수 준비에 동원되어 떡도 하고 전도 부친다. 위는 웃기떡과 전, 가운데는 술을 거르는 것이고 아래 왼쪽과 오른쪽은 떡을 찌는 장면이다.

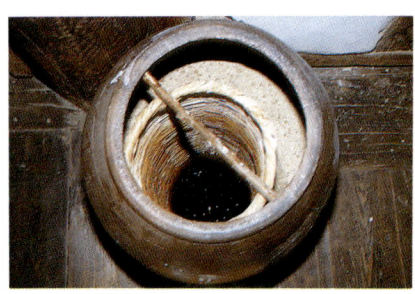

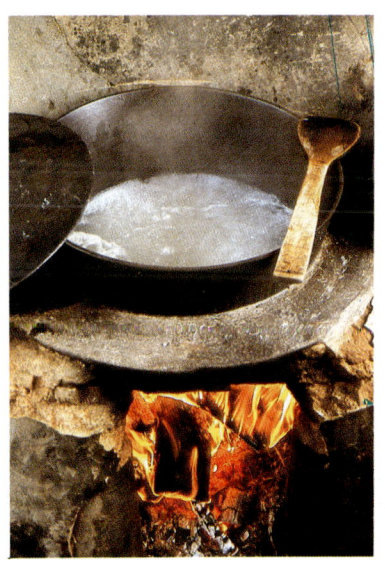

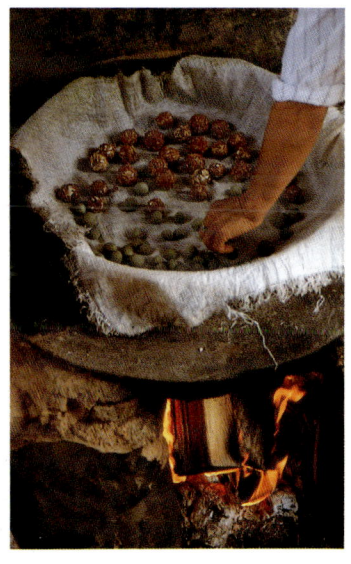

71쪽 사진 겸암 종가인 양진당에는 현재 사당이 두 채 있다. 원래는 세 채였으나 한 채를 허물고 다시 짓는다고 하다가 아직까지 못 짓고 있다고 한다. 그 집에는 사당이 세 채여야 한다. 불천위의 위패를 모신 사당을 별묘사당(別廟祠堂)이라고 하는데 불천위가 두 분이므로 별묘 사당이 두 채가 있어야 하고, 현 종손으로부터 4대조 조상의 위패를 모셔야 하는 사당이 한 채가 더 있어야 하기 때문이다.

저녁을 먹고 9시쯤부터 본격적으로 제기에 제사 음식을 올려 놓고 준비하느라 부산하다. 특히 본편이라는 시루떡을 쌓아 올리는 것은 아무나 할 수 없는 기술이다. 그 동네에서 기술이 좋기로 이름난 분이 오셔서 꼬박 2시간에 걸쳐 온갖 정성과 기술을 다해 쌓아 올렸다. 떡을 쌓는 것도 하나의 예술이고 일정한 법칙에 의해 이루어진다. 맨 밑에는 시루떡 17줄을 쌓고 그 다음에는 옆설기(나물떡) 1궤, 74쪽 사진 그 위에 준주(녹두) 고물로 만든 떡을 2궤, 경단 부편, 75쪽 사진 국화전, 작과, 조약, 쑥구리 등을 차례차례 쌓아 올린다. 밑에는 좁게, 위로 올라가면서 넓게 쌓아야 하기 때문에 허물어지지 않도록 76쪽 사진 하는 것이 기술이다. 떡을 쌓는 데도 보통의 기술로는 안 되며 또 각종 떡을 만드는 데에도 세심한 정성과 노력이 깃들어야 한다. 77쪽 사진 떡을 다 쌓아 올리면 한지로 곱게 싸서 놓는데 그것을 "편봉한다" 78, 79쪽 사진 하며 떡 이외에도 어적, 육적, 계적 등 고기와 생선 등도 정성껏 쌓아 제기 위에 올려 놓았다.

새벽 1시 정각에 제사가 시작된다. 제관은 약 30여 명 정도가 참여했는데 갈수록 사람이 줄어든다고 안타까워했다.

80, 81쪽 사진 제일 먼저 종손이 사당에 가서 신주를 모셔 오는 것으로 의례를 시작한다. 제수는 제청에 진설했다. 다른 지역과는 달리 하회동은 단설(單設)이다. '입암(立岩) 할매'의 제사이므로 '입암 할매'의 위패만 모셔 놓고 제를 지냈다. 또한 육적, 어적, 계적 등 3헌관이 올리는 적(炙)은 모두 익히지 않은 날것으로 썼다. 옛날부터 생고기를 썼으

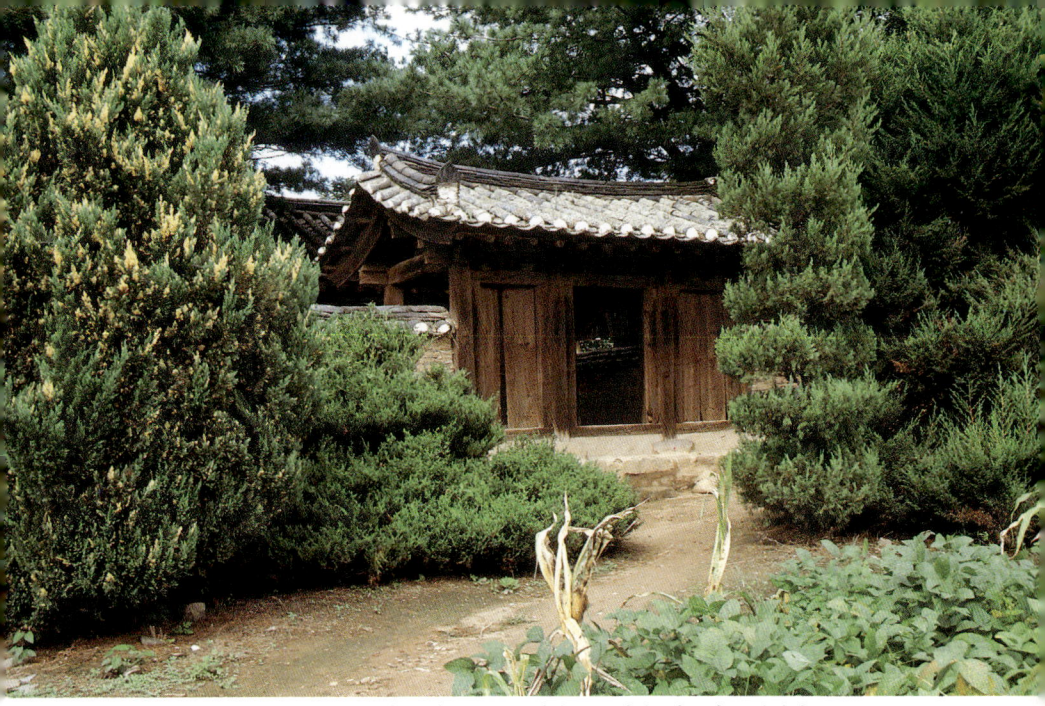

사당문 조상신의 위패가 모셔져 있는 사당으로 들어가는 문이다. 사당에는 불천위 2분 내외와 현 종손의 4대조 조상의 위패가 모셔져 있다.

므로 그대로 쓴다는 대답이었다. 제례 절차는 다른 제례와 별 차이 없다. 종손이 위패를 다시 사당에 모셔 놓는 것으로 제례는 끝난다. 88, 89쪽 사진

의례가 끝나자 모든 음식은 제청에서 다시 마루로 옮겨졌다. 종부 90쪽 사진 할머니와 종부 그리고 많은 여자들이 음복 준비를 하느라고 부산했 다. 제관들은 제청에 앉아서 그동안 조상과 문중에 관한 일을 상의 91쪽 위 사진 하고 있었다. 어느 조상의 비석을 세우는데 어느 정도의 진척이 있었다는 등의 보고와 같은 모임이었다.

제사가 끝나면 음복상이 나온다. 종손을 위시한 이들에게는 독상 91쪽 아래 사진 이 나오고, 그 밖의 제관들에게는 겸상을 내놓는다. 어느 분이 중요 한 분이고 누가 독상을 받아야 하는지는 종부가 알아서 결정한다. 음복에 참여하는 사람은 제관들뿐만 아니라 제례를 참관하기 위하 여 각지에서 연구차 방문한 사람들에게도 음복상을 대접한다.

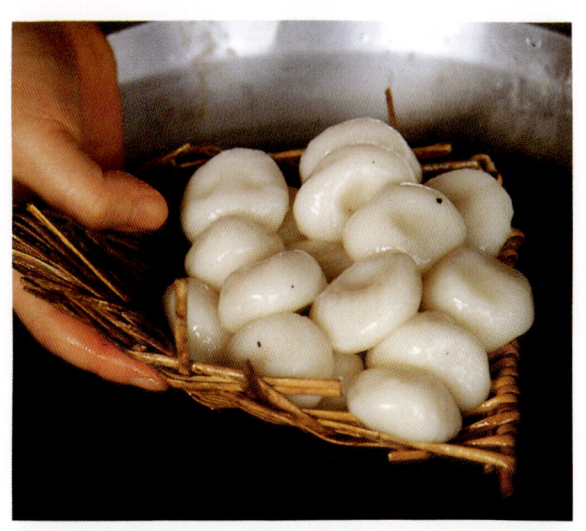

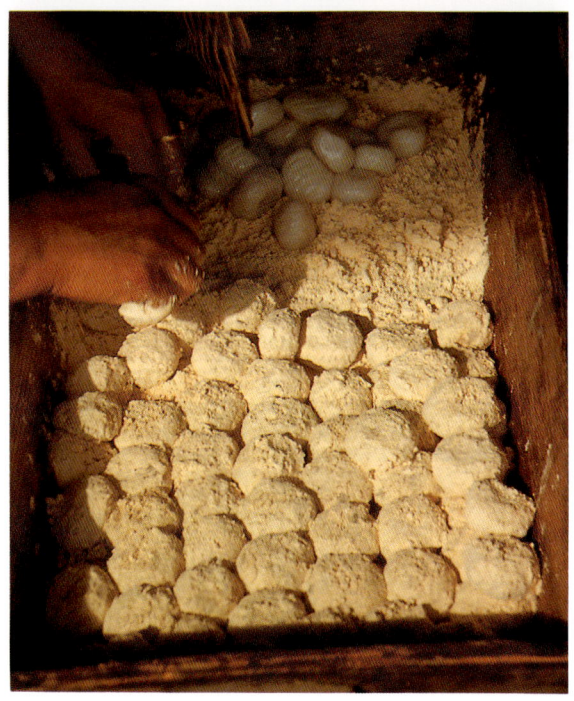

72 조상 제례의 종류

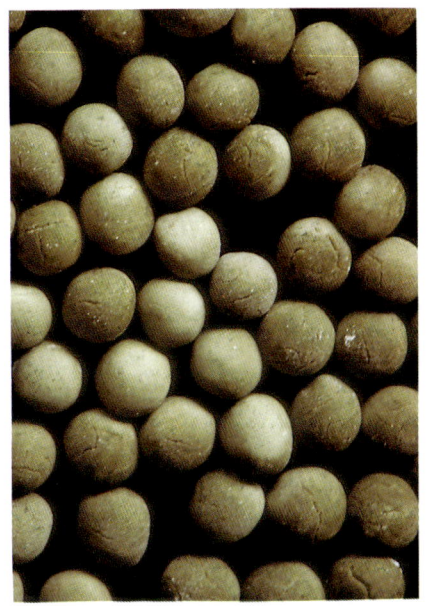
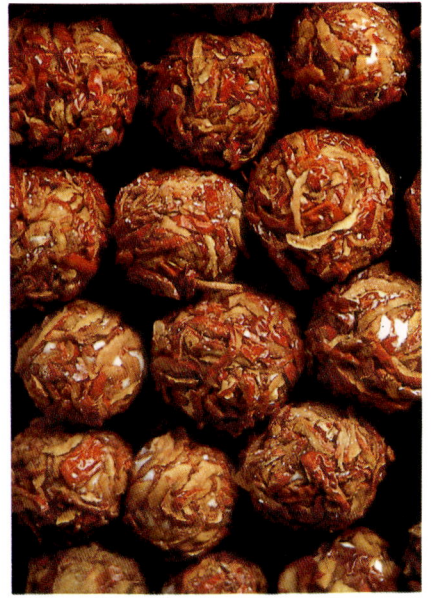

경단 정성껏 빚은 떡을 끓는 물에 삶아 조리로 건져낸다. 이 떡을 콩
  가루에 묻힌 것이 경단이다. 노란색 떡으로 웃기떡으로 쓰인다. (왼
  쪽 위, 아래)

쑥구리 불천위 제사에서는 떡을 보통 제사의 2배인 10되를 한다.
  이러한 음식을 준비하는 데에 요즘은 일하는 사람을 구하기가 쉽지
  않아 상당히 애를 먹는다고 한다. 웃기떡으로 쓰는 쑥구리로 파란
  색을 보인다. (위 왼쪽)

작과 쌀을 둥글게 빚어 삶은 뒤 채친 대추를 입힌 작과이다. 이 떡은
  웃기떡으로 쓰인다. 붉은색의 떡이다. (위 오른쪽)

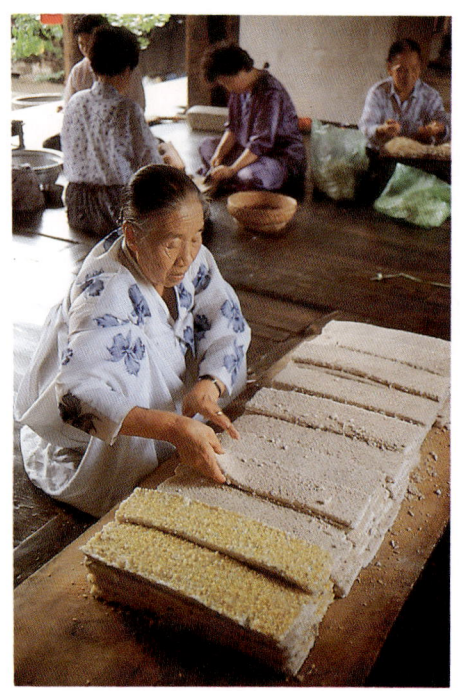

본편 쌓기 본편이라는 시루떡을 쌓아 올리는 것은 아무나 할 수 없는 기술이다. 떡을 쌓는 것도 하나의 예술이고 일정한 법칙에 의해 이루어진다.(왼쪽, 아래)

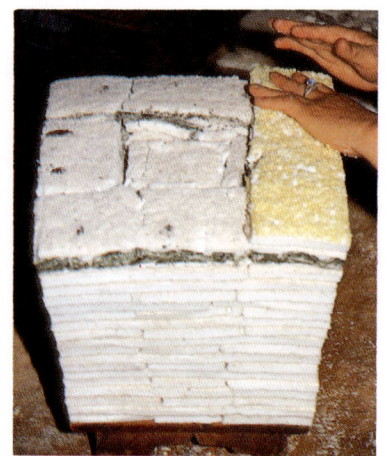

떡쌓기 맨 밑에는 시루떡 17 줄을 놓고 그 다음에는 옆설기 1궤, 그 위에 준주 고물로 만든 떡을 2궤, 경단 부편, 국화전, 작과, 조약, 쑥구리 등을 차례 차례 쌓아 올린다. 떡을 쌓아 올리시는 분은 겸암파의 15 대 종부 김씨 할머님이시다.

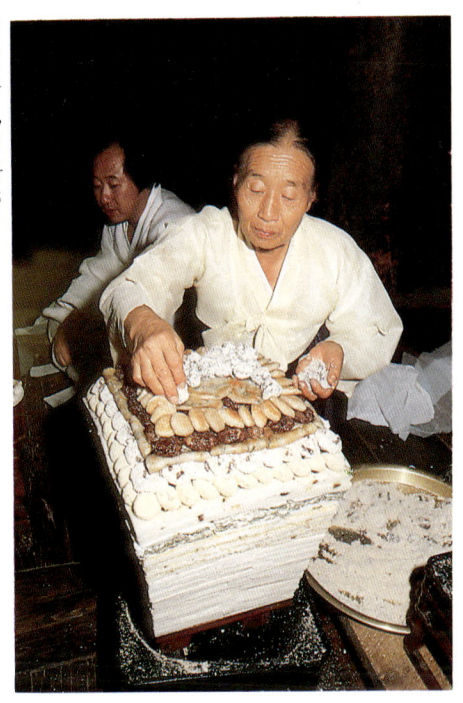

떡쌓기 밑에는 좁게, 위로 올라가면서 넓게 쌓아야 하기 때문에 허물어지지 않도록 하는 것이 기술이다. 떡을 쌓는 데도 보통의 기술로는 안되며 또 각종 떡을 만드는 데에도 세심한 정성과 노력이 깃들어야 한다.

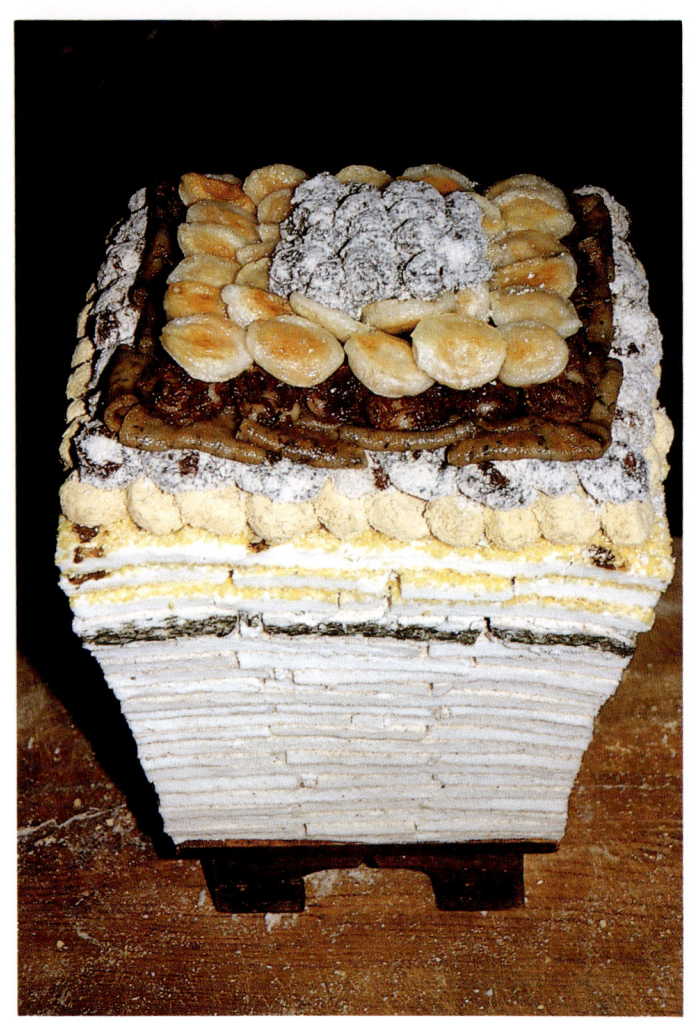

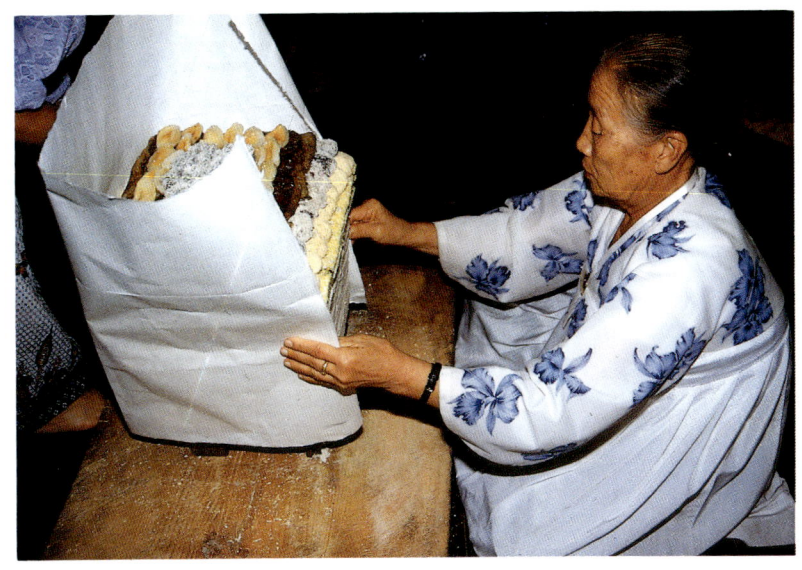

편봉 떡을 다 쌓아 올리면 한지로 싼
다. 이때 깨끗한 종이로 옆과 위를 모두
덮고, 역시 깨끗한 짚으로 잘 묶는다.
이런 것을 "편봉한다"라고 한다.(위,
왼쪽)

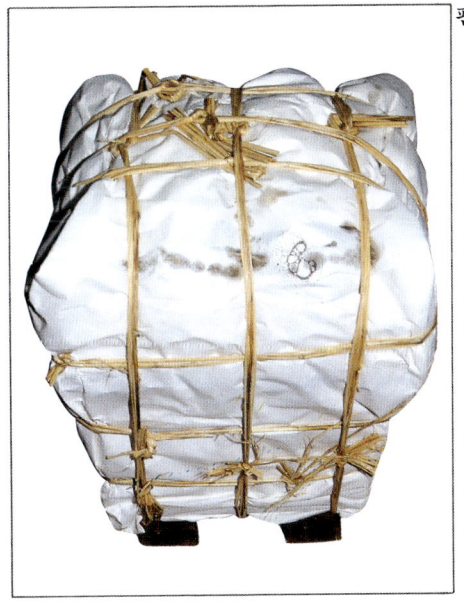

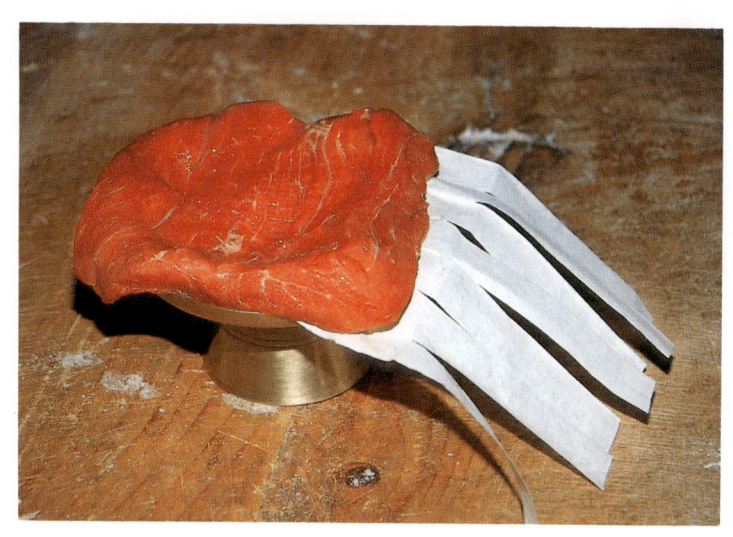

육적 보통 제사에서는 양념하여 구운 산적을 쓰지만 불천위 제사에서는 제기에 날것
을 그대로 얹어 쓴다. 쇠고기를 저민 육적이다.

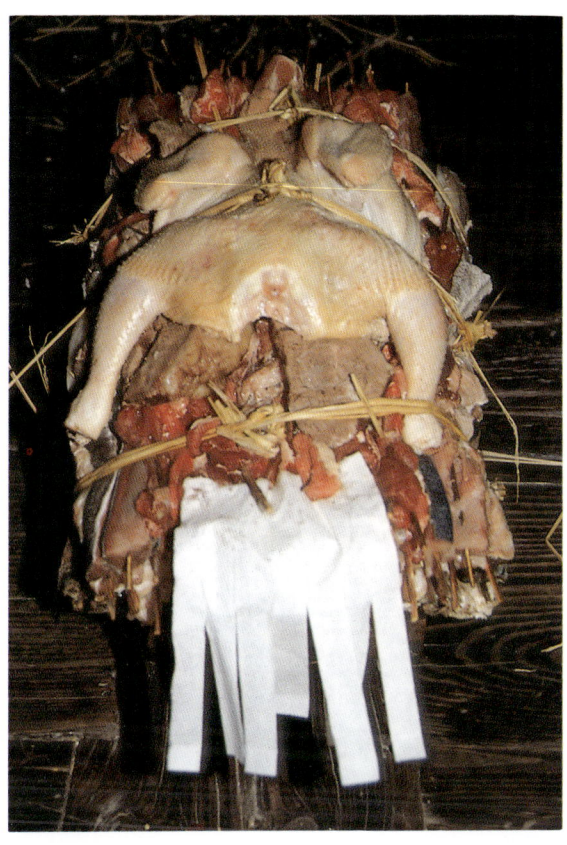

계적 생선을 잘 다듬어 꼬지에 꿴 뒤 이 위에 쇠고기 날것을 역시 꼬지에 꿰어 놓고 위에 생것인 닭을 얹어 묶은 계적의 완성된 모습이다.

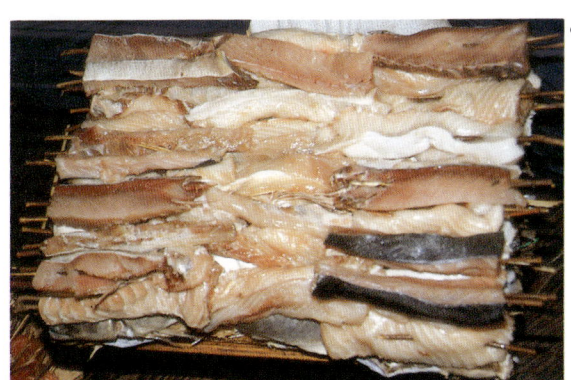

어적 초헌관이 육적, 아헌관이 계적, 종헌관이 어적을 올린다.

제사의 시작　제사 지내는 시간은 새벽 1시이다. 제관은 약 30여 명 정도가 참여했는데 갈수록 사람이 줄어든다고 안타까워 했다. 제일 먼저 종손이 사당에 가서 신주를 모셔 오는 것으로 의례를 시작한다.

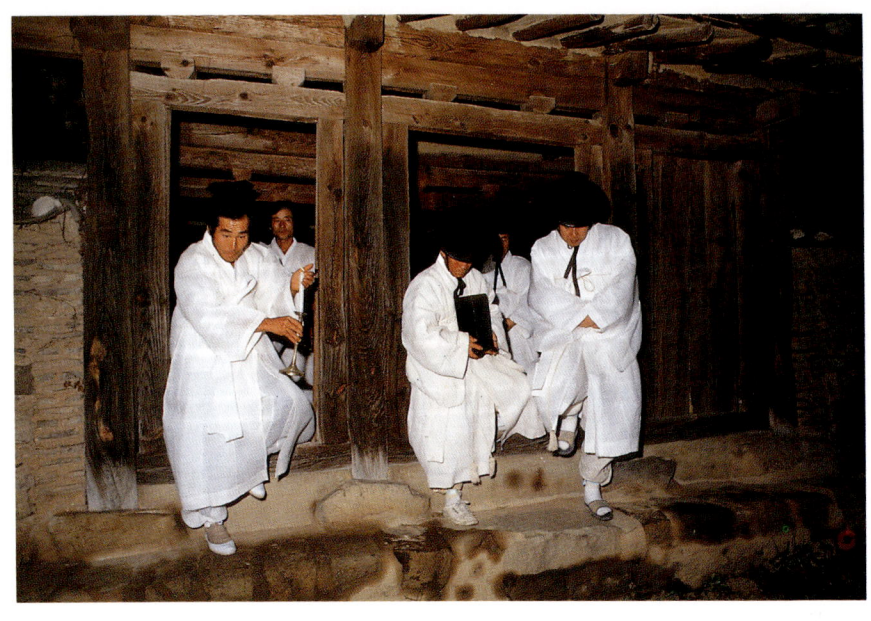

신주를 모심 사당에서 신주를 모셔와 제청에서 제례를 지내게 된다. 제주는 겸암의
16대 종손이다.

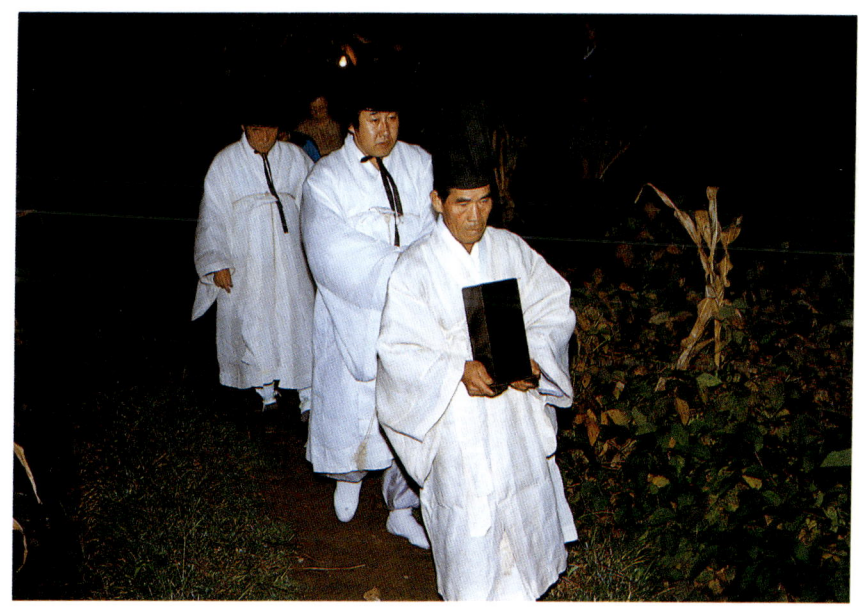

불천위 제사 제수는 제청에 진설했다. 다른 지역과 달리 하회동은 단설 (單設)로 입암 할매의 제사이므로 입암 할매의 위패만 모셔 놓고 제를 지냈다. 아래는 제사를 시작할 때의 편봉 벗기는 장면, 오른쪽 위는 위패를 모시는 장면이고, 아래는 제주가 잔을 올리는 헌의 장면이다.

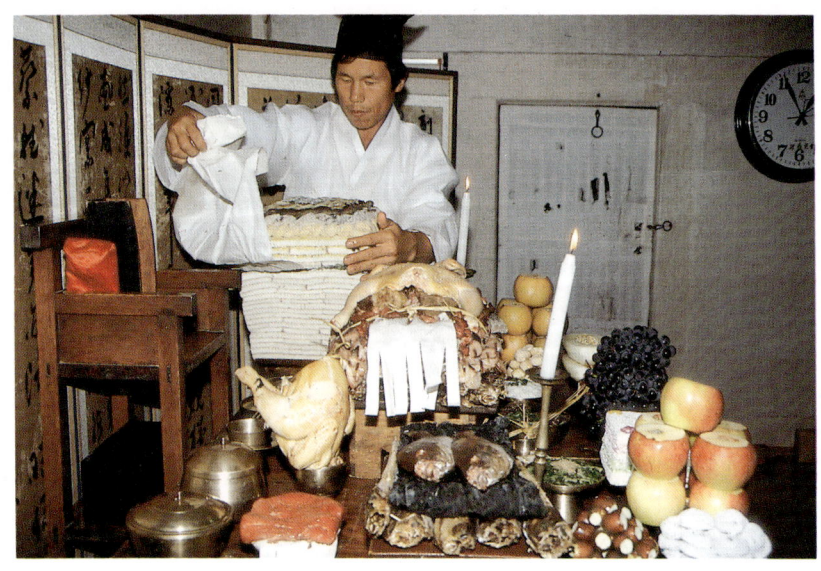

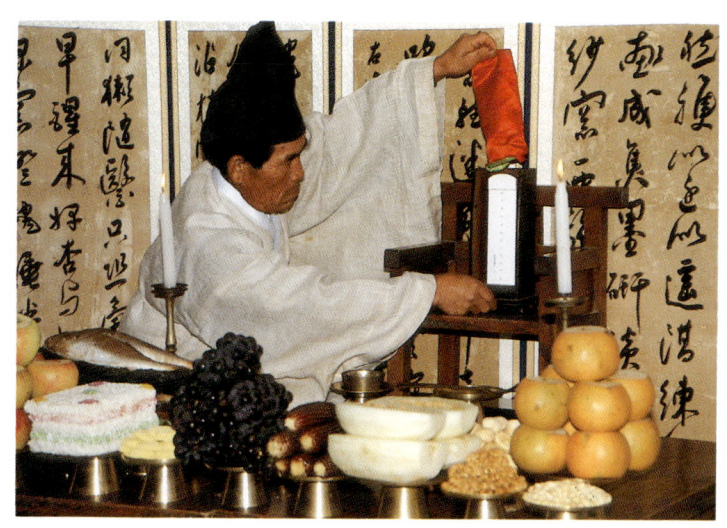

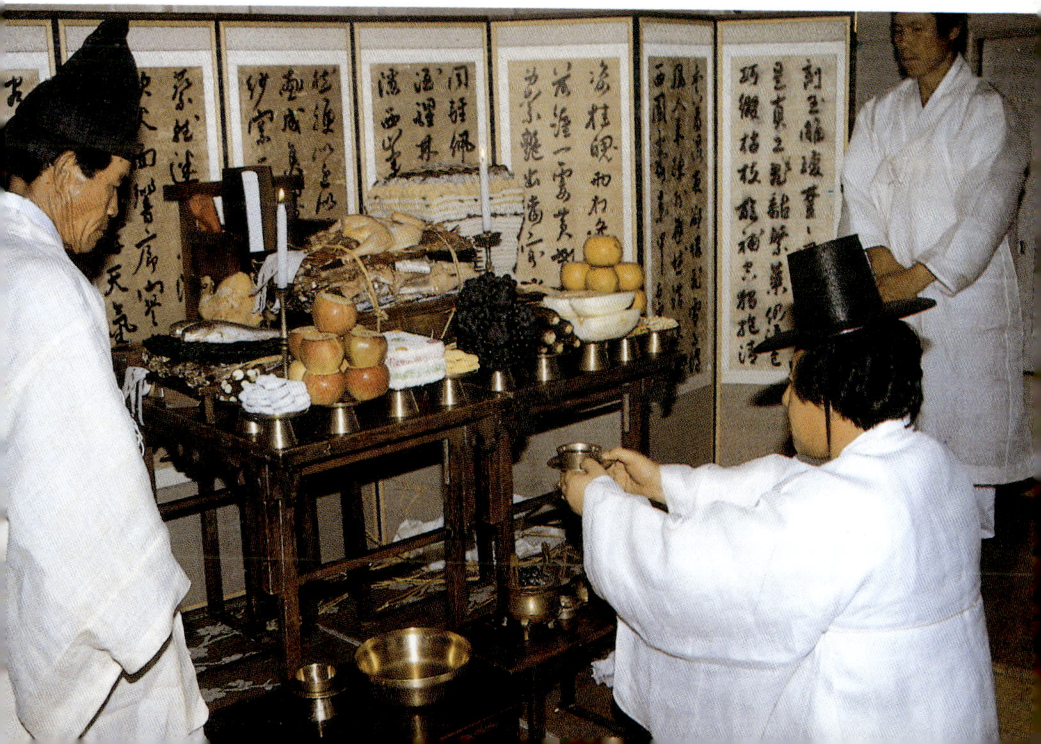

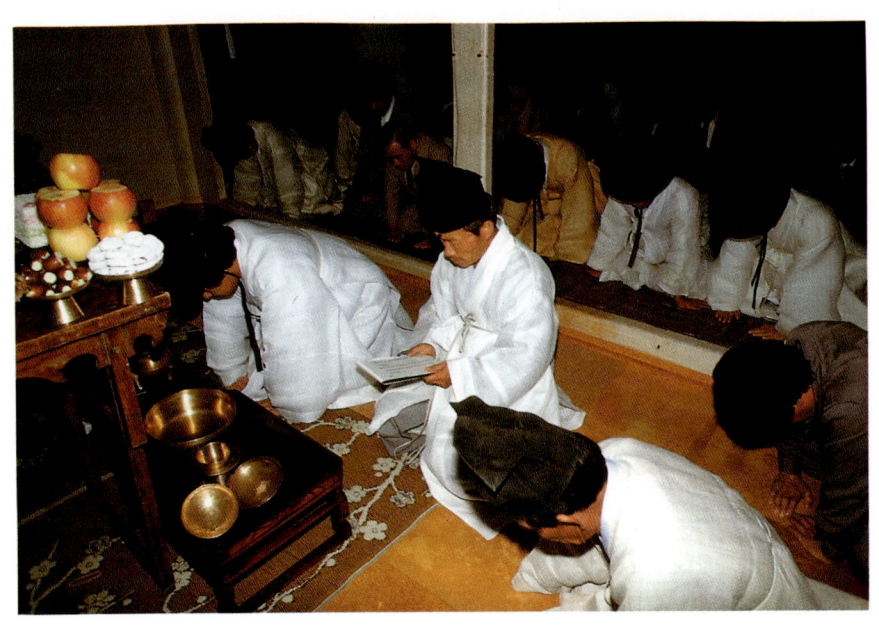

독축 축문을 읽는 동안 제주와 모든 참석자들은 꿇어 엎드린다. 독축은 초헌과 아헌
사이에 진행된다.

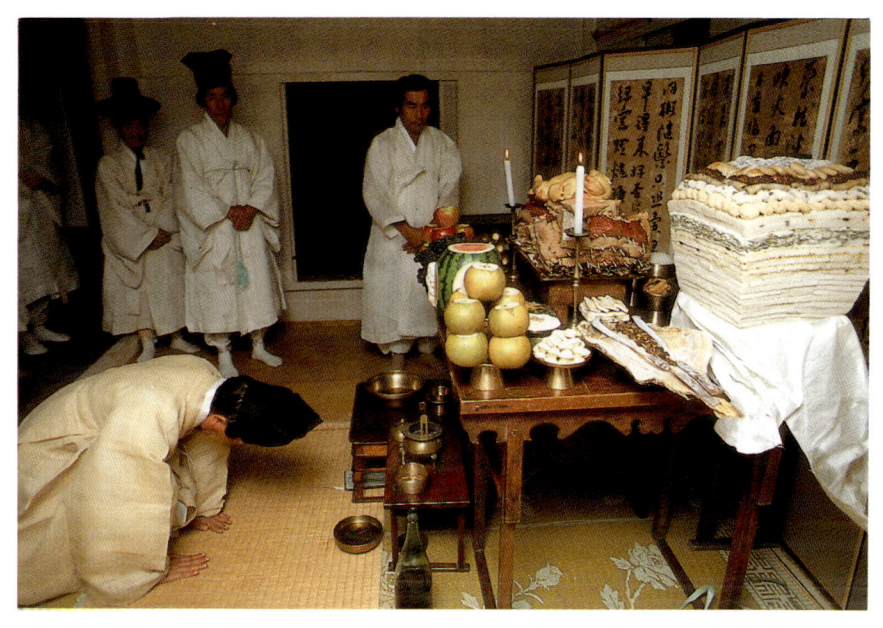

절 참신, 초헌, 아헌에서 술을 올린 뒤에 제주는 두 번 절을 한다. 아헌관이 술을 올린 뒤에 절하고 있다.

합문(闔門) 병풍으로 제사상을 가리고 제관 일동이 제청의 문을 닫고 밖에 나와 기다린다. 이것은 조상이 식사하시는데 자손이 쳐다보는 것은 실례라고 생각해서 자리를 비켜 드리는 것이다.(위, 아래)

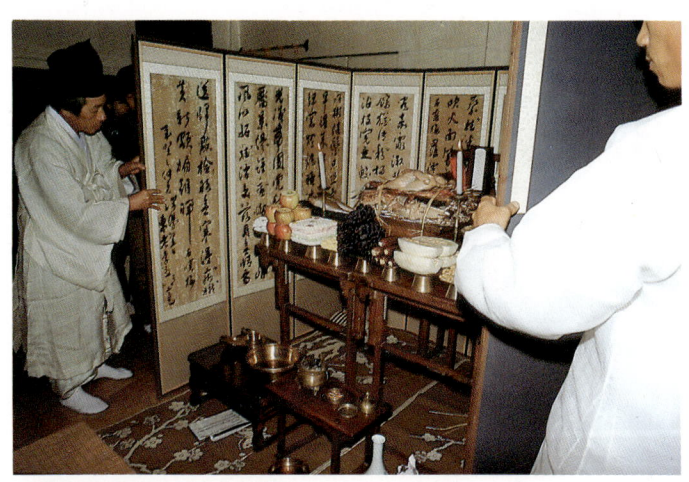

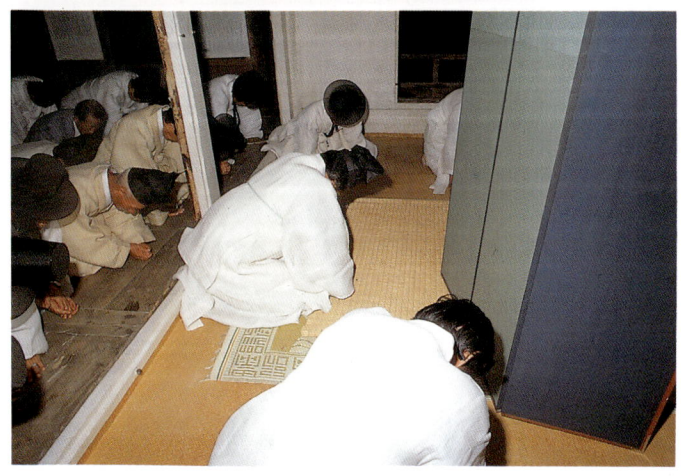

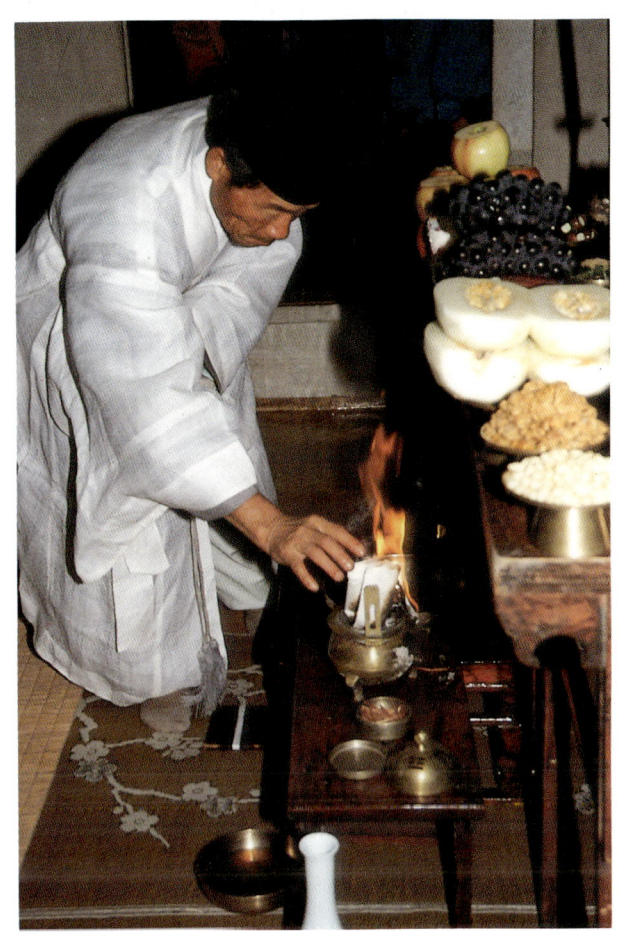

분축 제사가 끝나는 장면으로 지방이나 축문을 불사른다. 그런 다음 숟가
락을 거두고 찬 등을 치우면 제례는 끝난다.

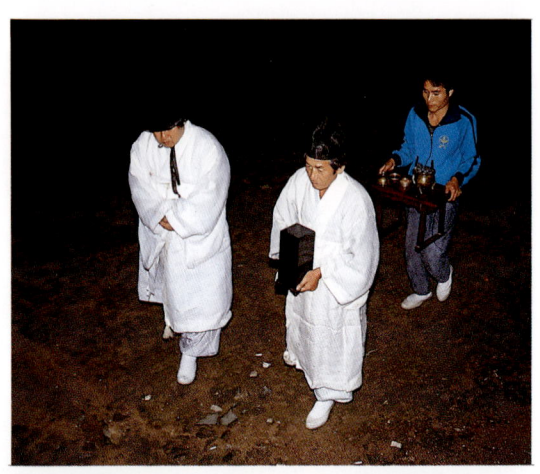

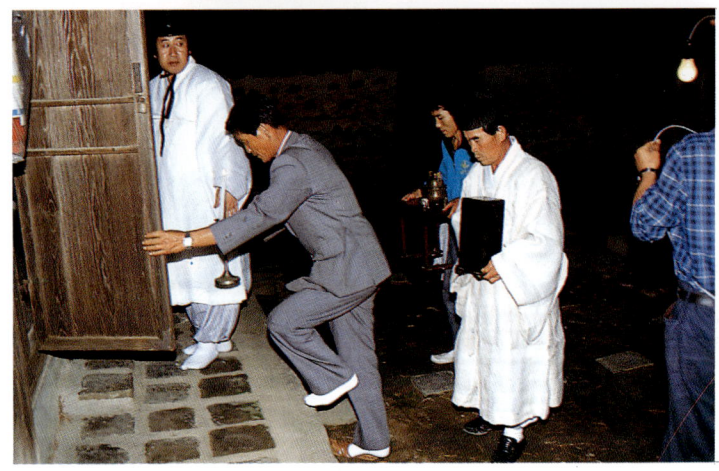

위패를 모심 제례는 시작 때와 마찬가지로 종손이 위패를 다시 사당에 모셔 놓는 것으로 끝난다. 사당의 툇간에서부터 신을 벗고 들어가는 것도 엄격한 예절이다.(왼쪽 위, 아래, 아래)

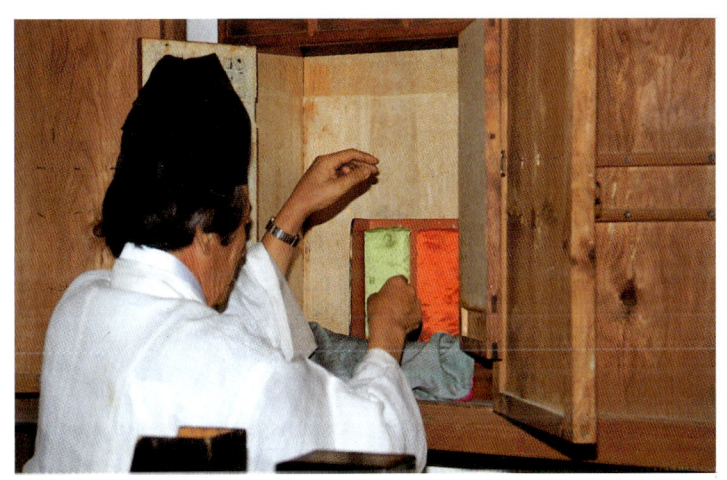

음복상 준비 제례가 끝나자 제청에 있던 음식은 모두 마루로 옮겨졌다. 종부 할머니의 지시에 의해 많은 여자들이 음복상 준비를 하느라고 바쁘게 움직였다.(위, 아래)

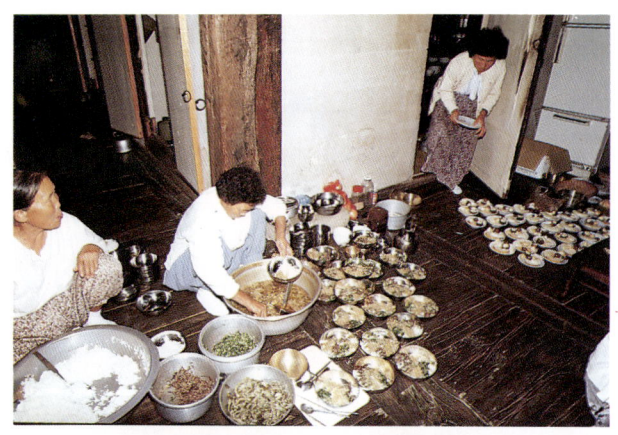

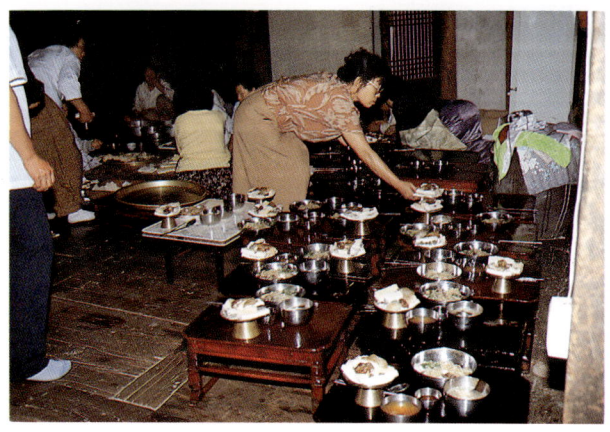

음복 의례 뒤 제관들은 제청에 앉아서 그동안 조상과 문중에 관한 일을 상의한다. 제
사가 끝나면 음복상이 나오는데 종손을 위시한 이들에게는 독상이 나오고 그 밖의
제관들에게는 겸상을 내놓는다.(위, 아래)

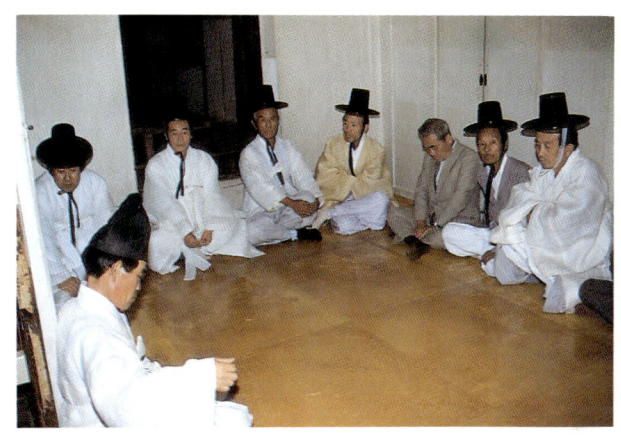

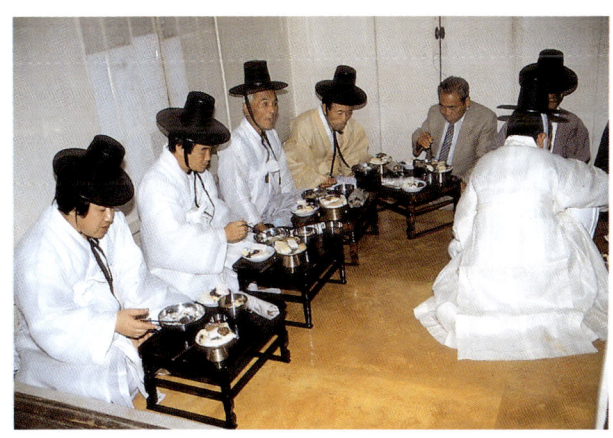

불천위 제사는 집집마다 있는 것이 아니다. 불천위 제사가 있다는 것 하나만으로 그 집안이 명문가임을 나타내는데 이는 조상 제례가 양반 신분과 밀접한 관련이 있다는 것을 의미한다. 곧 양반의 신분이 높을수록 제사의 수와 종류가 많다. 또한 불천위 제사까지 있으면 그 집안은 대단한 명문가임을 나타내는 것이다.

그러나 그만큼 종가의 종손과 종부는 몇 배의 힘과 노력을 들여야 한다. 우선 제사 수만 하더라도 1년에 10번이 넘는다. 이는 하회동의 풍산 류씨 종가뿐 아니라 다른 종가도 마찬가지다. 안동군 퇴계동의 진성 이씨(이퇴계) 종가는 1년에 기제사만도 14회나 된다. 퇴계 선생이 불천지위(不遷之位)이고 그 분의 정식 부인이 두 분이므로 세 분의 불천위 제사와 고조 내외 2위(位), 증조 2배(二配) 3위, 조부 2배 3위, 선조 2배 3위를 합하면 14회이다. 여기에 명절에 지내는 제례까지 합치면 1년에 16번이나 된다. 따라서 어떤 달은 두번씩 제사를 지내는 경우도 있다. 이에 따르는 제사 비용은 물론 친척이나 내방객 대접 등의 정신적, 경제적인 부담 또한 만만치 않다.

그리고 종가는 그 규모가 상당히 크다. 양진당의 경우 77칸의 넓은 저택인데 관리에 많은 비용이 들어 애로가 많다.

국가에서 재정적인 지원을 해서 불천위 제례 같은 우리 고유의 전통을 계속 이어 나가고, 종가를 개방하여 일반인들의 사회 교육장의 역할을 할 수 있으면 하는 생각이다.

제례 절차

신주(神主)와 지방(紙榜)

제사상 위에는 조상의 신체로 여기는 신주나 지방을 모신다. 신주는 지체가 높은 명문가에서나 볼 수 있고 일반 가정에서는 지방을 사용한다.

신주의 높이는 약 20센티미터 정도이며 닭소리나 개소리가 들리 95쪽 사진 지 않는 깊은 산 속의 밤나무로 만든다. 나무는 옹이가 없고 결이 좋은 것으로 써야 한다. 신주의 윗부분은 둥글고 아래는 모가 졌다. 신주의 모양, 명칭, 의미 등을 이광규 교수의 글에서 인용한다.

신주(神主)의 둥근 윗 부분을 원수(圓首)라 하니 이것은 천 (天)을 상징한다. 신주는 높이가 1척 2촌이니 이것은 12개월을 상징하는 것이다. 신주의 너비는 3촌이니 이것은 월(月)의 일수 (日數)를 상징하는 것이라 하며 신주의 두께는 1촌 2푼인 바 이것은 일(日)의 시수(時數)를 상징하는 것이라 한다. 신주목(神主木)을 바치는 대(臺)를 부(趺)라 한다. 부는 높이가 1촌 2푼의

정사각형인데 1변의 길이가 4촌이고 이것은 세(歲)의 4시(時)를 상징하는 것이라 한다.

　하나로 되어 있는 것과 같이 보이는 신주목을 자세히 보면 원수의 1촌 되는 아래에 옆으로 금이 있고 그 선이 옆으로 치켜 올라간 다음 신주목 옆에 이번에는 아래로 이어지는 금이 있으며 옆금 옆에 구멍이 뚫려 있다. 이제까지 말한 금은 금이 아니라 신주목이 두개로 이루어져 있는 것이고 이것을 붙인 것이 금으로 보인 것이다. 말하자면 전편은 높이가 1촌 가량 낮고 후편은 원수가 달려 있는 것이다. 전편은 두께가 4푼이며 이것을 외면이라 부르고 후편은 두께가 8푼이며 이것을 내함(內陷)이라 부른다.

　앞에 있는 외면을 떼어 보면 내함의 중앙이 빠져 있으니 이것을 함중이라 하여 함중의 길이는 6촌, 너비는 1촌 그리고 깊이는 4푼이다. 외면을 붙였을 때 이 함중에 공기가 통하게끔 좌우에 구멍을 뚫었는데 이것을 규(竅)라 하며 규는 직경이 4푼이 되는 구멍으로 부에서 7촌 2푼 되는 높이에 있다. 외면을 붙이면 함중이 보이지 않는다. 그리고 외면의 전면은 백분을 칠하였으니 이것을 분면이라 한다.

　신주는 다시 주독(主櫝)으로 싸 둔다. 주독이란 독좌(櫝座)와 독개(櫝蓋)로 이루어졌으며 이들은 흑칠한 것이다. 독좌는 사각이 다리의 모양을 한 부 위에 앞 면이 없는 3편을 둘러싼 것이고 그 안에 신주를 놓게 되어 있는 것이다. 독개란 4면과 위를 막고 아래가 없는 상자로 독좌를 덮게 되어 있다.

　지방(紙榜)은 가주(假主)라고 하며 신주가 없는 집에서 제사 때마다 한지에 먹으로 쓴다. 세로는 22센티미터, 가로는 6센티미터 정도로 하면 된다.

95쪽 그림　부모의 경우 지방을 쓰는 법은 그림과 같다. 만약 돌아가신 분이

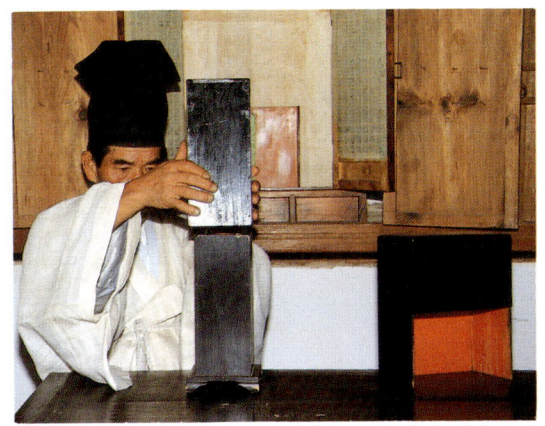

신주 신주는 지체가 높은 명문가에서나 볼 수 있다. 하회 풍산 류씨 신주.

지방 부모의 지방을 쓰는 법이다.

벼슬을 하지 않았으면 '학생부군(學生府君)'이라 쓰고 벼슬이 있으면 관직명을 쓴다. 그리고 부인은 남편의 벼슬에 따라 '정경부인(貞敬夫人)' 등의 호칭을 쓴다. 제사가 끝나면 지방은 태워버린다.

요즘은 신주가 거의 소멸되었고, 또 지방 대신에 사진을 많이 사용한다. 그리고 지방을 사용하는 경우도 과거처럼 '현고학생부군 신위(顯考學生府君神位)' 등의 까다로운 문구보다는 '아버님 신위' 등으로 쉽게 쓰는 것을 권장하고 있다.

사당(祠堂)

사당은 신주를 모신 집으로 정침(正寢) 동편에 3칸으로 짓는다. 사당에는 감실(龕室) 넷을 설치하는데 서편의 제1감에 고조고비(高祖考妣), 제2감에 증조고비(曾祖考妣), 조고비(祖考妣), 고비(考妣)의 신주를 차례대로 모신다. 감실에는 8짝의 문을 달아 놓는데

11쪽 사진

제례 절차 95

4대를 따로 모시기 때문이다.

　사당은 기제사를 모시는 4대조까지의 신위만 모신다. 현 종손이 죽고 그의 아들이 새로운 종손이 되었을 경우 고조고비(高祖考妣)의 신주는 그들의 무덤에 매장한다. 그리고 증조고비(曾祖考妣)가 고조고비가 된다. 곧 사람이 죽어 사당에 거주하는 기간은 4대 후손까지 약 1백여 년 정도이다.

　따라서 사당에 모셔진 신위는 산 자손과 함께 집안에 거주하면서 산 어른의 대접을 받는다. 내아리 마을의 김근식 씨는 6.25 때 모든 살림은 다 버려 두고 제일 먼저 신주를 모시고 피난을 갔다고 한다. 또 수해나 화재 또는 도둑이 들었을 때도 제일 먼저 신주를 옮기고 그 다음 제기, 가재 도구를 옮긴다고 한다. 또 그 집에 아들이 태어났거나 결혼해서 며느리를 보았을 때, 장례를 치를 때, 그 집 주인이 멀리 여행을 떠나거나 여행에서 돌아왔을 때 등 그 집에 중요한 일이 있을 때마다 제일 먼저 사당에 인사드린다. 물론 설날에는 차례와 세배를 드린다.

　사당은 대체로 지체가 높고 부유한 양반집이나 종손집에 있다. 사당을 따로 두지 못할 형편인 집에서는 마루 뒷벽이나 끝에 감실을 달아 위패를 모셔 두는데 이러한 것을 벽감(壁龕)이라고 한다.

진설(陳設)

　제사에 사용하는 음식을 제수(祭需)라고 하며 제사상에 제찬을 배열하는 것을 진설이라 한다. 제사 음식 진설은 집집마다 달라 가가례(家家禮)라고 한다. "남의 집 제사에 감놔라 배놔라 한다"는 속담처럼 진설에는 참견을 금지하고 있다. 이는 곧 집집마다 그 나름대로의 제사 지내는 법을 인정해야 한다는 말이다. 그러나 일반

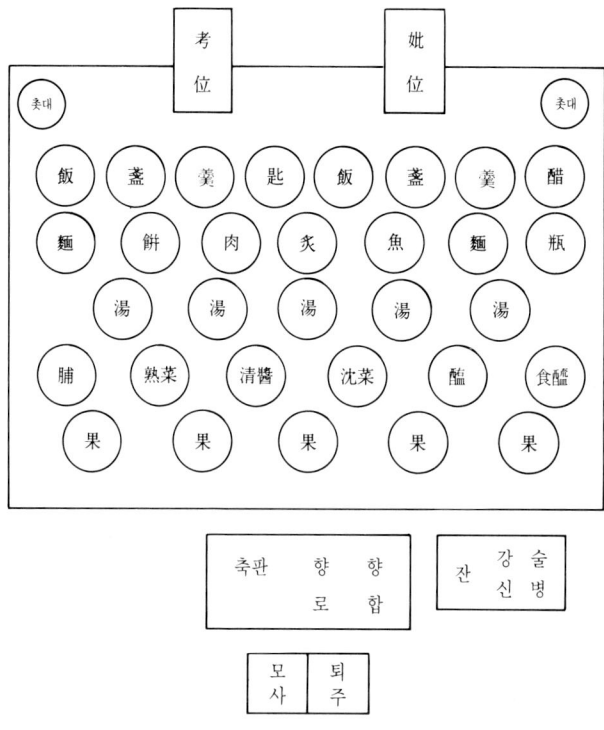

그림 2. 제사상(양위 진설도)
「유림편람」 1985, 134쪽 인용.

적으로 보면 큰 차이가 없다. 아무 음식이나 놓는 것이 아니며 일정한 범위의 음식을 법에 따라 진설한다.

유도회(儒道會) 총본부에서 제공한 진설법에 따르면, 신위를 향해 오른쪽을 동쪽, 왼쪽을 서쪽으로 간주하고 진설한다.

제일 첫째 줄에는 과일과 조과(造果)를 놓는다. 과일의 종류는 밤, 대추, 곶감 등의 건과와 계절에 따라 배, 사과, 감귤, 은행 등을 놓는다. 과일의 진설법에는 '홍동백서(紅東白西)'라 하여 동쪽에는 붉은 과일을 놓고 서쪽에는 흰 과일을 진설한다.

이 밖에 첫째 줄에는 과일 이외에 조과(유과, 약과 등) 등을 진설하는데 '홍동백서'대로 한다. '홍동백서' 법칙 이외에 '조율시이(棗栗柿梨)'라는 진설법을 따르기도 한다. 곧 대추, 밤, 감, 배 순으로 놓기도 한다. 이때 첫째 줄은 홀수로 진설한다.

둘째 줄은 나물을 놓는다. 이는 '좌포우혜(左脯右醢)'에 따라 포(육류나 북어, 마른 오징어, 문어 중 한 접시)는 왼쪽에, 식혜는 밥알만 건져 담아 오른쪽에 놓는다. 나물은 침채(沈菜), 청장(淸醬), 숙채(熟菜;익힌 나물로 고사리, 도라지, 무, 시금치, 배추 나물 등으로 삼색 나물을 준비) 등을 진설한다. 또 '생동숙서(生東熟西)'에 따라 김치는 동쪽에 익힌 나물은 서쪽에 놓는 법도 있다. 둘째 줄은 짝수로 진설한다.

셋째 줄은 탕(湯)을 진설하는데 단탕(單湯), 3탕, 5탕, 7탕으로 꼭 홀수로 놓는다. 탕은 육탕(고기), 어탕(생선), 소탕(蔬湯;두부, 야채) 등으로 만든다. 소탕 대신 계탕을 놓기도 한다. 어탕은 동쪽, 육탕은 서쪽, 소탕은 중앙에 진설한다. 고춧가루를 전혀 쓰지 않으며 건더기만 담고 국물은 거의 담지 않는다.

넷째 줄은 불에 굽거나 찐 음식인 적(炙)과 기름에 튀기거나 부친 전(煎)을 놓는다. 생선으로 만든 것을 어적(魚炙), 어전(魚煎)이라고 하고 고기로 만든 것을 육적(肉炙), 육전(肉煎)이라고 한다.

'적전중앙(炙煎中央)'에 따라서 적과 전은 중앙에 놓는다. 또 '어동육서(魚東肉西)'의 진설법에 따라 어류는 동쪽에 육류는 서쪽에 놓으며, '동두서미(東頭西尾)'에 따라 머리는 동쪽에 꼬리는 서쪽으로 향하게 놓는다. 적(炙)도 보통 3적을 쓰는데 보통 육적, 어적, 닭적(계적)을 놓는다. 어적의 경우 생선 2마리나 3마리를 통째로 익힌다. 초헌 때 육적, 아헌 때 계적, 종헌 때 어적을 올린다.

떡(餠)은 오른쪽에 놓고 국수(麵)는 왼쪽에 진설한다. 떡은 색깔 있는 것을 피하고 시루떡에 팥고물을 쓸 때는 껍질을 벗겨 흰색이 되게 하며 국수는 삶아 건더기만 놓는다.

다섯째 줄에는 밥(메)과 국(羹)을 놓는다. 밥은 왼쪽에, 국은 오른쪽에 놓는다. 밥은 흰쌀밥, 국은 쇠고기에 무우를 넣어 끓인 것으로 한다. '고서비동(考西妣東)'의 진설법에 따라서 신위, 메, 갱, 술잔을 놓을 때 아버지 것은 서쪽에 어머니 것은 동쪽에 놓는다.

진설법은 이상과 같으나 음식의 양은 자손의 형편에 따라 차이가 있다. 그러나 무엇보다 중요한 것은 극진한 정성이라고 하겠다.

의례 절차

제례는 다음과 같은 엄격한 절차에 의해 치른다.

신위 봉안(神位奉安)

조상의 신위를 제청(祭廳)에 모신다. 신주, 지방 또는 사진으로 모신다.

강신(降神)

조상의 영혼을 맞아들이는 의식이다. 제주가 제사상 앞에 앉아 향을 피운다. 집사자가 강신 술잔을 주면 제주는 술잔을 받아 모사(茅沙 ; 그릇에다 깨끗한 모래를 담은 것) 위에 세 번 나누어 붓는다. 모사 위에 술을 붓는 행위는 신을 초청하는 의식이다. 집사자는 술잔을 받아 제자리에 놓고 제주는 두 번 절한다.

참신(參神)

제주와 제관들은 두 번 절한다. 신위에 인사하는 의례이다.

초헌(初獻)

제주가 초헌관이 된다. 제주가 무릎을 꿇고 앉으면 집사자가 술잔을 건네 주고 다른 집사자가 술을 가득 부어 준다. 제주는 술잔을 향불 위를 통하여 집사자에게 건넨다. 집사자는 제주로부터 술잔을 받아 메와 국그릇 사이에 놓는다. 제주가 꿇어앉아 있는 동안 축관(祝官)이 축문을 읽는다.

84쪽 사진

독축(讀祝)

축문을 읽는 동안 모든 참가자는 꿇어 엎드린다. 제주는 축문이 끝나면 두 번 절한다. 부모의 기제축(忌祭祝)은 다음과 같다.

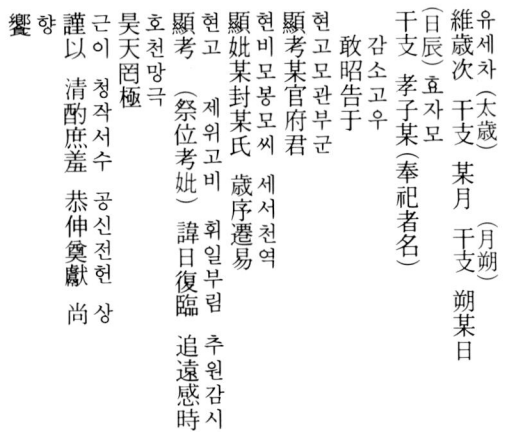

부모의 기제축 (忌祭祝) 예

아헌(亞獻)

두번째 술잔을 올리는 것을 말한다. 제주처럼 술잔을 올리고 두

번 절한다. 아헌은 제주의 부인이 한다고 하지만 실제로 여자는
제사에 참여하지 않는다. 대개 근친자 가운데서 정한다.

종헌(終獻)

세번째 잔을 올리는 것을 말한다. 초헌, 아헌과 마찬가지로 술잔을
올리고 두 번 절한다.

삽시(揷匙)

숟가락을 메에 꽂고 젓가락은 바르게 고쳐 놓는다.

합문(闔門)

병풍으로 제사상을 가리고 제관 일동이 제청의 문을 닫고 밖에
나와 3분이나 4분 정도 조용히 기다린다. 이것은 조상이 식사하시는
데 자손이 쳐다보는 것은 실례라고 생각해서 자리를 비켜 드리는
것이다.

86쪽 사진

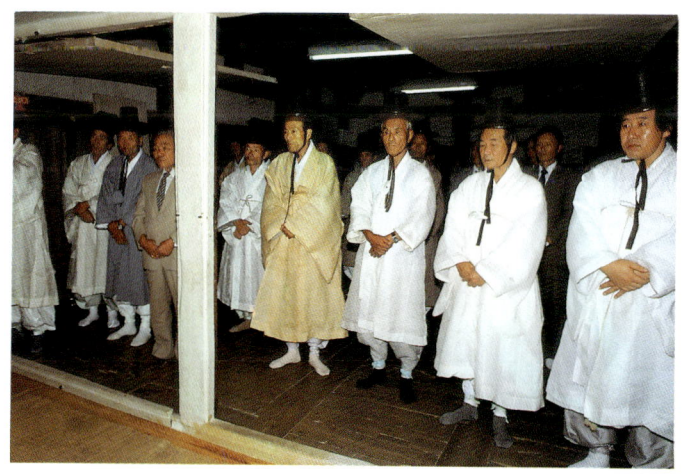

합문 제관 일동이 제청
의 문을 닫고 밖에
나와 3, 4분 정도 조용
히 기다린다.

계문(啓門)

축관이 기침을 세 번 하고 문을 열면 모두 들어간다.

헌다(獻茶)

국그릇을 내리고 숭늉을 올려 메를 세 숟가락 떠서 숭늉에 넣은 뒤 모두 엎드린다.

철시(撤匙)

숭늉 그릇에 놓인 수저를 거두고 메그릇을 덮는다.

사신(辭神)

신을 보내는 절차로 제주와 일동이 두 번 절한다.

철찬(撤饌)

지방과 축문을 불사른 뒤 숟가락을 거두고 철상한다.

음복(飮福)

조상이 남겨 준 음식을 자손들이 먹는 절차이다. 조상이 남겨 준 음식은 복이 있다고 생각하여 참석자 모두 나눠 먹으며 친족과 이웃에도 보낸다.

조상 제례의 미래상

지금까지 살펴본 조상 제례는 전통 사회에서 행해진 의례들이다. 한국 사회는 농경 생산 체제를 기반으로 한 전통 사회가 60년대 말 이후 산업 사회로 변하면서 생업 방식이 근본적으로 변하였다. 이에 따라 가족 관계 및 친족 관계 등에서도 많은 변화가 일어나고 있다. 또한 이러한 인간 관계의 결속을 다지는 역할을 하였던 기존의 도덕관이나 사고관의 변화도 초래하였다.

조상 숭배의 이념과 의례도 이러한 변화에서 예외는 아니다. 그러나 의례 양상에 있어 구체적으로 어떤 변화가 일어날 것인가를 예측하기란 쉬운 일이 아니다. 하지만 한국 사회 현상의 변화와 그에 부응하는 조상 숭배의 측면을 연결시켜 보면 다음과 같은 변화를 예측할 수 있다.

첫째, 지역 문중 사이의 결속과 신분 위세 그리고 벼슬한 조상과 자손 사이의 관계 확인을 위주로 하였던 시제는 그 사회적 기능이 약해졌고 앞으로도 더욱 약해질 것이다. 따라서 모든 시제 대상을 개별적으로 제사 지내는 것에서 '공동 조상'으로 한데 묶어 최소의 비용으로 간단히 지내는 양상으로 변할 것이다. 그러나 조상 가운데

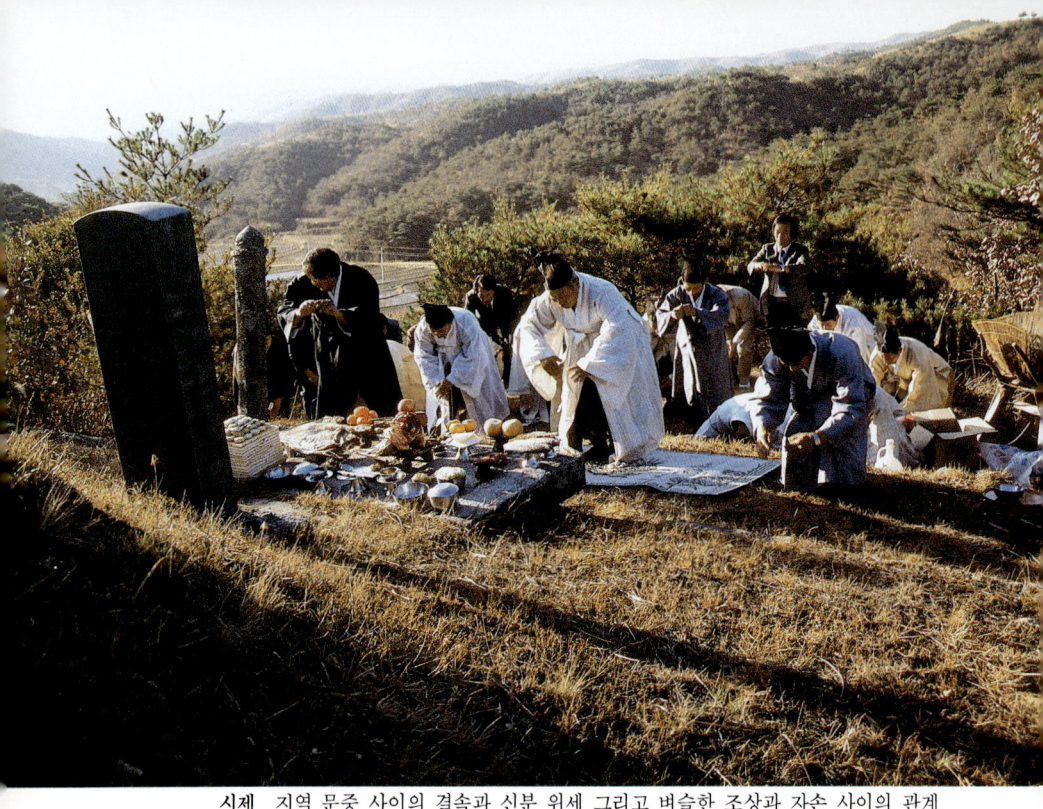

시제   지역 문중 사이의 결속과 신분 위세 그리고 벼슬한 조상과 자손 사이의 관계 확인을 위주로 하였던 것이 시제이다.

자랑할 수 있는 대표적 조상을 위한 시제나 제례는 성씨 전체의 상징으로서 물질적인 풍요에 힘입어 더욱 성대해질 수도 있다.

　둘째, 근친들이 같은 마을에서 사는 경우가 드물어진다. 따라서 일상 생활에서 상호 협력의 필요성이 감소하고 남계 근친(특히 당내 간) 사이의 사회적, 경제적 협력과 결속을 다짐하던 명절 제사는 점차 사라질 전망이다. 그러나 부모 자식 사이의 감정적 유대와 형제 자매 사이의 사회적 결속을 기반으로 한 명절 제사는 앞으로도 계속될 것이다.

　셋째, 기제사에서는 다음과 같은 변화들이 예측된다. 기제사 대상 조상은 감정적 유대가 많은 부모와 장인, 장모가 될 것이다. 고조,

증조 세대는 시제로 돌릴 가능성이 많고 조부는 면대(面對) 조상일 경우 장손이 지내거나 아니면 조부의 살아 있는 자식(장남의 삼촌)이 지낼 경우가 많을 것이다. 따라서 사위가 처가 부모 제사에 참여하게 될 것으로 보인다. 그 이유는 형제 자매를 기반으로 한 사회적 결속감 때문이다. 장남이 부모와 함께 살지 않고 재산 상속이 자녀

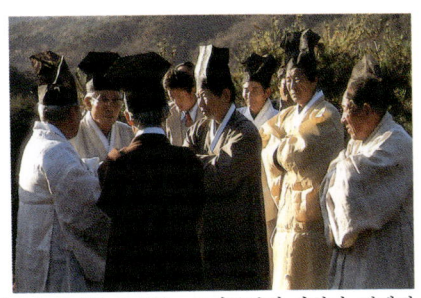

제사에 참여한 사람들 근친들간의 사회적, 경제적 협력을 다짐하던 것이 제사가 지닌 또 다른 기능이다.

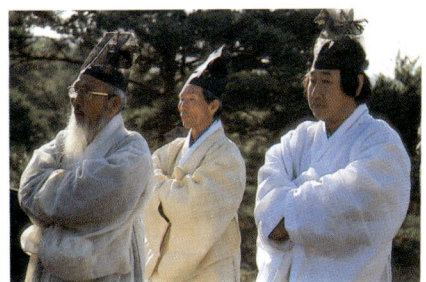

세대의 차가 있어도 한 핏줄이라는 것을 확인시켜 주는 것이 바로 제례이다.

각자에게 균등하게 상속되면(법적으로서가 아닌 관습적으로도), 제례 책임도 현재 장남의 일차적 책임에서 딸 아들 사이의 균등 책임으로 변할 것이다.

또한 인구 문제로 각 집이 두 자녀(혹은 한 자녀) 깆기 운동이 확산되고 있기 때문에 앞으로는 아들 딸 구별 없이 누구나 제례를 지낼 것으로 보인다.

참고 문헌

김두헌「한국 가족 연구」서울:서울대학교 출판부, 1961.
석대권 '기제사의 규범과 관행의 비교 연구'「인류학 연구」제14권, 1986, 34~76쪽.
성균관 유도회(儒道會) 총본부「유림편람」유도회 총본부, 1985.
여중철 '제사 분할 상속에 관한 일고'「인류학 연구」, 영남대 문화 인류학 연구회, 1980, 21~54쪽.
이광규 '친족 집단과 조상 숭배'「한국 문화 인류학」제9권, 1977, 1~24 쪽.
임돈희 '한국 조상 숭배의 미래상'「한국 문화 인류학」제18권, 1986, 147 ~170쪽.
전경수 '진도 하사미의 의례 생활:조상 숭배 의례의 생태학적 기능을 중심 으로'「인류학 논집」제3권, 1977, 35~74쪽.
Janelli, Roger L. 'Korean Rituals of Ancestor Worship: An Ethnography of Folklore Performance'. Ph.D. dissertation. University of Pennsylvania. 1975.
Janelli, Roger L. and Dawnhee Yim Janelli **Ancestor Worship and Korean Society** Stanford University Press. 1982.

※ 상청 사진과 도표(1—4)를 제공하여 주신 Roger L. Janelli 교수께 감 사드린다.

빛깔있는 책들 101-10

조상 제례

글	―임돈희
사진	―김수남
발행인	―장세우
발행처	―주식회사 대원사
편집	―김한주, 신현희, 조은정, 황인원
미술	―차장/김진락 김은하, 윤용주, 최윤정
전산사식	―김정숙, 육세림, 이규헌

첫판 1쇄 ―1990년 4월 28일 발행
첫판 9쇄 ―2004년 8월 30일 발행

주식회사 대원사
우편번호/140-901
서울 용산구 후암동 358-17
전화번호/(02) 757-6717~9
팩시밀리/(02) 775-8043
등록번호/제 3-191호
http://www.daewonsa.co.kr

(b) 값 13,000원

Daewonsa Publishing Co., Ltd.
Printed in Korea(1990)

ISBN 89-369-0010-2 00380

빛깔있는 책들